大师的管理课

上完这一课，将身边的庸才变将才

[美]马歇尔·戈德史密斯（Marshall Goldsmith）

[美]贝弗利·凯（Beverly Kaye）

[美]肯·谢尔顿（Ken Shelton）等/著

谭怡琦/译

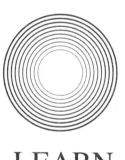

LEARN
LIKE A LEADER

中国友谊出版公司

图书在版编目（CIP）数据

大师的管理课 / (美) 马歇尔·戈德史密斯, (美)贝弗利·凯, (美) 肯·谢尔顿著；谭怡琦译. -- 北京：中国友谊出版公司, 2018. 9

书名原文: Learn like a leader

ISBN 978-7-5057-4476-9

Ⅰ.①大… Ⅱ.①马… ②贝… ③肯… ④谭… Ⅲ.①管理学 Ⅳ.①C93

中国版本图书馆CIP数据核字(2018)第192021号

著作权合同登记号　图字：01-2018-5845

书名	大师的管理课
作者	［美］马歇尔·戈德史密斯　［美］贝弗利·凯
	［美］肯·谢尔顿 著　谭怡琦　译
发行	中国友谊出版公司
经销	北京时代华语国际传媒股份有限公司　010-83670231
印刷	北京中科印刷有限公司
规格	880×1230 毫米　32 开
	8 印张　150 千字
版次	2018 年 9 月第 1 版
印次	2018 年 9 月第 1 次印刷
书号	ISBN 978-7-5057-4476-9
定价	45.00 元
地址	北京市朝阳区西坝河南里 17-1 号楼
邮编	100028
电话	（010）64668676

赞　誉

在《大师的管理课》中，当代一些最杰出的领导人分享了他们在领导力方面的智慧和经验。每一则故事分享一个教训。最好的领导力课程，往往来自那些敢于分享所面临的困难，讲述所采取的措施以及结果的领导人。反复阅读书中的故事，你会发现什么才是逆境领导力。

——弗朗西丝·赫塞尔宾（Frances Hesselbein），

领导力研究院院长兼前 CEO

最优秀的领导者之所以能够脱颖而出，原因之一是他们能够将复杂的概念以一种简单的方式表达出来。而故事叙述向来是最好的形式，他们以令人信服和印象深刻的方式，提供了如何做出理想选择的指导。本书有大量领导力大师讲述令人震撼的故事。

——诺姆·斯莫尔伍德（Norm Smallwood），《领导力密码》（The Leadership Code）和《领导力品牌》（Leadership Brand）作者

优秀的领导者就是优秀的说书人，他们能吸引你拉过椅子

侧耳倾听。他们生动的叙述将启发和指导我们，令人愉悦。

——约翰·亚历山大（John Alexander），

创意领导力研究中心教练兼前任总裁

灵感、智慧和洞察力的惊人聚集，来自我们圈子中真正杰出的名人。书中分享的故事不容错过！

——马克·艾弗隆（Marc Effron），

人才战略集团总裁

历史上，最伟大的领导人往往明白，故事有发展自身和他人的强大力量。本书通过见解深刻、激励人心的故事，提炼了数十年以来的领导力智慧。每一位领导人都应该拥有此书。

——马克·墨菲（Mark Murphy），

领导智商公司（Ledership IQ）主席兼 CEO

把领导力视为一个统一学科，拥有众所周知的规则和标准，是一件很有吸引力的事情，只要忠诚地遵守规则，就会以某种方式实现高效的领导力。但是领导力并没有这么简单。在实践中，它通常含糊不清，神秘莫测，不能简单地被分类。《大师的管理课》用万花筒般的视角反映了这种现实，包括领导者深刻的生活体验。我诚恳致敬领导力和领导者的丰富性和复杂性。我认为，那些希望认识到这一点的读者，会从本书中受益良多。

——泰德·普林斯（Dr.E.Ted Prince），

佩斯领导力研究院创始人和 CEO

这是一本精彩的读物。自传式的声音鼓励我们讲述者，回忆自己那些与作者描述同一种意识流的经历。每一位故事讲述者都是长久以来的智慧权威，在他们描述的个人经历中，我们也喜欢他们。这是一本非常棒的书，可以深入并细细品味，反复阅读。

——朱迪斯·巴德威克博士（Judith M. Bardwick），加州大学精神病学临床志愿教授，《迈出第一步》（One Foot Out the Door）和《舒适区里的危险》（Danger in the Comfort Zone）作者

《大师的管理课》是关于为什么领导力如此重要的一系列文章集锦。在书中，肯·谢尔顿、马歇尔·戈德史密斯和贝弗利·凯聚集了一群杰出的思想领袖，分享了他们对如何成为一名高效、有同情心的领导者的深刻见解。对于那些希望成为更好的领导者的人来说，这本书很重要。

——拉里·C. 斯皮尔，
服务型领导力斯皮尔中心主席和CEO

多年来，我一直致力于鼓励人们发现、实现并维持他们的梦想。正如本书中许多领导者所见证的那样，伟大的领导者是热心的学习者，能够激励团队成员加入他们实现共同梦想的旅程。

——蓝兹·萨克里顿（Lance Secretan），
《火花、圣火和火炬》（The Spark, the Flame, and the Torch）作者

目　录

前言：从故事中学习领导力智慧　　　　　　　　　　001

序言：在分享故事中不断成长　　　　　　　　　　　005

第一部分　领导者的自我成长之旅

第一章　原则：授人以鱼，不如授人以渔　　　　　　002

第二章　不要只成为生活中有趣的人，

　　　　成为一个对什么都感兴趣的人　　　　　　013

第三章　从他人身上更容易发现自身问题　　　　　　019

第四章　所有痛苦的源泉都是真相的缺位　　　　　　025

第五章　真正的领导者要学会从日常琐事中解脱出来　031

第六章　你自己相信，才能让别人相信　　　　　　041

第七章　敢于说真话，是建立良好关系的基础　　　045

第八章　你必须要在工作中找到自己的使命感　　　052

第九章　找到能够施展个人能力的舞台　　　　　　058

第十章　模仿是自杀，你需要做自己　　　　　　　064

第十一章　人在教别人的时候，学习得最多　　　　068

第十二章　做你本人有天赋的事情，才是真正有价值的　073

第二部分　领导者如何轻松影响他人

第十三章　你要做的是散布光明，而非黑暗　　　　082

第十四章　如何帮助你的下属获得成功　　　　　　087

第十五章　做你擅长的那部分，其余的交给适合它的人　093

第十六章　同理心让你获得更好的人际关系　　　　098

第十七章　高情商的人懂得去感受和对方的相似之处　106

第十八章　你需要大胆说出自己的想法　　　　　　111

第十九章　即使身份单薄，也要有勇气改变世界　　115

第二十章　领导者需要理解员工的需求，

　　　　　尊重并引导他们做出改变　　　　　　121

第二十一章　学会提问比给出答案重要得多　　　　　　　126

第二十二章　对自己要做的事尽量做到自主高效　　　　　130

第二十三章　有感染力的影响才是杰出的领导者　　　　　136

第二十四章　领导者要像医生一样帮助他人获得远见　　　142

第二十五章　改变缺点的方式是与人合作　　　　　　　　150

第二十六章　真正有价值的不是解决问题的方法，

　　　　　　而是良好的人际关系　　　　　　　　　　　155

第二十七章　像个精神导师那样去帮助他人实现潜能　　　162

第二十八章　像优秀的教师对待学生那样去对待你的下属　169

第三部分　领导者如何突破困境

第二十九章　像柔道一样后退一步的打法　　　　　　　　176

第 三 十 章　做一些"不同寻常"的事能让你更好地应对一切　182

第三十一章　在你提出变革前，要先想好如何打破旧有的规则　189

第三十二章　冲突发生时不要急着辩护，而要学着去聆听　202

第三十三章　轻装简从，减少不必要的负担　　　　　　　208

第三十四章　在达到完美之前就进行下一步　　　　　　　212

第三十五章　无论对手强或弱，你都要有一视同仁的心态　218

大师的管理课 ▶ ▶ ▶
•••••••• Learn like a leader

编后记 223

尾声 229

致谢 236

前　言
从故事中学习领导力智慧

10多年前，"学习网络"（TLN）作为一个在管理和组织发展领域的高级思想领导者群体，在美丽的加利福尼亚德尔玛会面了。这次会议是在元旦之后不久的一个周末举行，满载着新年的决心和希望。

无论是当时还是现在的TLN周末，主要都是致力于学习我们的工作是如何相互联系的，以及对未来的思考，设计一些使我们能够"回馈"世界的项目。在周末会议中，许许多多的想法产生了，虽然有很多想法没有在头脑风暴的会议桌上脱颖而出，但是有几个观点一直被认可并产生了积极的影响，这本书就是其中之一。

在一次集思广益的会议中，我们决定关注经验丰富的领导者的学习方式。这与我们平时的工作——帮助别人学习形成了鲜明对比！然而我们发现，我们不仅可以相互学习，还可以从我们领域中许多伟大思想领袖那里学习。学习优秀导师的学习方法，这个想法深深吸引了我们，于是《大师的管理课》诞生了。

我们邀请了管理和组织发展领域中 100 位最杰出的人物，请他们讲述自己的个人学习经历，一些影响了教学或塑造了生活的转折点。结果，我们得到了一些令人惊叹的故事，我们在本书中分享了 35 个。当你阅读这些故事的时候，你会发现，这些学习主题就好像教练和导师一样活灵活现。我们敢打赌，你会认同他们的天赋和人性。这些管理思想家将学习视为一个过程：他们讲述自己的个人故事，为读者提供新的见解，发现新的挑战，引导读者贡献更多潜力。他们讲述自我学习和自我思考的价值，激励我们发现并描述自己的"学习之旅"——找到自我的声音，发现自己的答案，并与他人分享自己的故事。

每个人的生活都有各自的经历，无论是悲伤的、有回报的、令人沮丧的，还是备感屈辱的。所有的经历都可以成为宝贵的学习资源。有些人比一般人更善于反思这些经历及其意义，但是，我们都明白将这些故事讲述出来所产生的力量。我们喜欢阅读别人的故事：他们的故事会挖掘我们的情绪和智力，帮助我们记忆和学习。

这本书表明，我们所有人都可以检查自己的生活，反思我们的成功和失败，调节我们的生活节奏。我们可以在生活经验中寻找智慧和指导。

因此，在许多年前，我们开始收集在管理发展领域中，做出了重要贡献的伟大领导者和思想家的故事。名单已经列好，网络已经共享，电话已然拨通，我们的工作开始了，起初看似简单的工作，后来成为一个美好的旅程！

自从TLN群体第一次见面以来，世界已经发生了很大变化。我们意识到，因为组织必须将可持续性、效率、品牌创建和提升士气融入一个有利可图的系统中，所以现在的学习行业比以往任何时候都更加重要。出于这种认识，我们做出了一个决定：将本书的版税捐赠给非营利性组织——彼得·德鲁克基金会。这个基金会在提供领导资源和发展机会方面做得非常出色，还为我们领域的思想领袖提供了一个分享最新想法的论坛。这是我们"回馈"领导力的方式。

我们继续推动《大师的管理课》进程的时候，也希望向"学习网络"的创始人之一——迪克·贝克哈特致敬。他是我们领域中真正的领导者，更是一位伟大的人。他在这本书以及其他很多方面给予了我们大力支持。我们觉得把这本书献给迪克再适合不过了。

我们在阅读这一系列故事时，发现很多故事都经历了时间的考验，但仍然与我们有直接联系，或者说有引起我们共鸣的地方。这些故事不仅仅是抽象概念，还能够使人愉悦，令人难忘，带来深刻的理解和洞察。我们希望书中这些学习之旅，伴随着故事后面叙述者提出来的个人反思问题，能够有助于人们在家庭、团队、企业、政府以及其他社区挖掘更大的意义。我们希望《大师的管理课》能帮助你从故事中学习，展开自己的人生故事。

附注

贝弗利·凯真的是《大师的管理课》这本书的"心脏和灵魂"。她创造了这个想法，发展了这个概念，并帮助我们"坚持到底"，直到这本书成功完成。没有她持续的驱动力、支持和灵感，这本书将永远不会面世。

我的一次伟大学习之旅，就是有机会和贝弗利·凯一起为这本书工作。她拥有令人赞叹的精神。她永远不会让日常生活中的琐碎消磨掉自己的专业和生活的乐趣。她有着惊人的天赋，能将每一天变成一次美妙的学习之旅！

谨代表所有为这本书做出贡献的人，我想对贝弗利·凯说：谢谢！

马歇尔·戈德史密斯

序 言
在分享故事中不断成长

最强有力的学习，是通过经验发生的。虽然我们无法亲身体验所有需要学习的东西，但是我们可以通过其他人的经历学习。你的人生中可能已经有一些人参与了你的学习。《大师的管理课》的好处是，你有机会向领导力发展领域里过去50年中最知名的人士学习。

《大师的管理课》一共有八个主题，涵盖从困难或痛苦的情景中学习，到理解如何感知他人。所有的故事都呈现了作者的经历，以及他们从各自经历中所学到的，如何将这种学习融入生活中。无论是查尔斯·加菲尔德如何创造现实的例子，还是杰伊·加尔布雷斯面对和管理复杂情况的故事，每一个故事都是一次近距离体验他们的经历，以及从中汲取智慧的机会。每一位作者都在章节末尾附上了挑衅性的问题，让你有机会从这些经历中学习，并了解如何将这些经验应用到你的生活中。

这是一本针对个人、经理、领导者、教练和顾问的书，旨在发展自己的领导力和他人的优势。管理思想领导者在这里讲述的故事，包含了深刻的经验教训。许多经验教训是在课堂和工作之外学习到的，因为领导力的学习无处不在。正如故事所展示的，真正有效率的人从生活中学习，并将他们的经验教训用于不断成长。你会从他们的故事中发现非常个人化的学习和成长。

我们不能否认讲述故事的力量。在过去的时间里，商界领袖、培训师和顾问已经发现它是管理和领导不可或缺的工具。《财富》杂志、《快公司》《华尔街日报》和《哈佛商业评论》等商业刊物上有许多文章探讨了故事讲述在一些主题上的应用，诸如战略规划、领导力发展、企业传播、销售、学习和知识管理。

在个人和职业终身的发展中，故事是一种向他人学习的愉快方式。它在有经验的人和发现自己有类似情况的学习者之间建立了一种联系。当故事以非常私人的方式告知时，这种联系尤其显著。

本书中的许多故事将在个人层面上，使特定的个人产生共鸣，有些故事可以作为普遍的经验教训。

本书分为三个部分。每个故事都会简要地介绍，并伴随着一系列有助于深入探究课程和学习的问题。这些问题可以应用在团队建设中，作为自己探索的延续，也可以作为一群朋友的对话起源。将它们视为一种资源，一个起点，或者自己想法和创造力的跳板。我们希望它们能在你的学习历程中为你提供帮助，并且我们鼓励你使用故事分享知识，增进相互理解，建立更深刻的差异理解。

贝弗利·凯

>>> 第一部分

领导者的自我成长之旅

——成为卓越领导者的自我修养

第一章　原则：授人以鱼，不如授人以渔

——史蒂芬·柯维教你如何用原则去影响他人

史蒂芬·柯维（Stephen R. Covey），享誉国际的领导工作权威、家庭专家和教师。他还是一位组织顾问，柯维领导力中心（Covey Leadership Center）的创始人，富兰克林·柯维联合公司（Franklin Covey Company）副董事长。他创造了以教学为中心的生活，以原则为中心的领导工作。柯维是《高效能人士的七个习惯》（*The 7 Habits of Highly Effective People*）的作者，该书被《首席执行官杂志》的读者评选为"20世纪最具影响力"的书籍之一；他还著有《高效能人士的领导准则》（*Principle-Centered Leadership*）、《改变：生活中的七个习惯》（*Living the 7 Habits*），合著《要事第一》（*First Things First*）。他还被《时代》杂志评为"25位最具影响力"的美国人之一。他获得了托马斯·莫尔学院持续为人类提供服务的奖章、国际演讲会最佳辩手奖，以及多个荣誉博士学位。

影响至深的经历

我的人生中有过许多影响我至深的经历。在本章中，我与你们分享六个经历，希望我的学习之旅能对你们有所帮助。

第一个故事，当我还是大学生时，我有一位演讲教授，他是国内最优秀的专业演讲者之一。多数时间，他都会在全国各地旅行，举行两场或者更多的演讲。

学期结束的时候，我问他："如果可以重来，你会有什么不同的做法？"他回答："我会将工作制度化——建立一个组织，让我的教学和演讲有章可循。"

当时我并不太明白，但是他的回答极大地影响了我后来的决定，让我用外界的演讲和资讯经验完善我的教学，最终使我能在离开大学的时候，创办了自己的公司。

第二件事，在大学教书时，我遇到了来自加利福尼亚圣何塞的客座教授沃尔特·贡博士。他开了一门名为《如何改善你的教学》的课程。课程持续整整一个学期，它的本质就是一个伟大的原则：敦促人们学习的最好方式就是把他们变成教师。

换句话说，当你教别人时，你也是在学习他。

我立即开始在工作和家庭中应用这个原则。我刚开始在大学教书时，只有 15 到 30 个学生。应用了博士的原则后，我发现能够有效地教授更多的学生；事实上，有些课程甚至有近千名学生，而且学生的表现和成绩实际上也是在上升。为什么？当你在教别人的时候，你也是在更好地学习。每一个学生都是老师，每一个老师都是学生。

如今有一种常见的情况，师生比例很重要，少量的学生意味着高质量的教学。但是如果把学生变成老师，你会获得杠杆作用，而你只需要移动支点。同样，你在教书时，你是在暗中承诺过你所教的生活。通过这种方式，以教学来学习也正好验证了《圣经》中的第二大戒条。

第三件事，在教导企业高管人员明白使命宣誓和参与组织发展的重要性后，我决定让自己的亲人参与制订家庭使命宣言。我的母亲、妻子桑德拉，还有我的九个孩子，在八个月的时间里都参与其中。最后，我们得出一个结论："我们家庭的使命是要创造一个有信仰、有秩序、明真理、有爱、幸福、轻松的滋养之地，并为每一个人提供机会，使他们有机会成为一个负责任、独立、高效的人，在社会中能有价值地为人服务。"

我们的家庭声明有四个部分：（1）我们家的特点；（2）

对个人的影响；（3）奉献和有所作为的目的；（4）权力的来源。我们将使命宣言放在家中，在每周的家庭会议上反思自己。我们如何衡量判断？我们发现在很多方面都失败了。但是我们经常重温，就像飞行员在90%的时间里驾驶飞机都会偏离轨道，但是他们能够根据环境反馈不断地修正偏差和航向，最终到达目的地。我们发现，在任何时候，我们都可能偏离轨道，关键是要明确目的地和方向，不断回归正轨。制订家庭使命的过程，也是我们建立个人使命的过程。我无法描述这些个人以及家庭使命宣言，对我们家庭以及现在对我的孙子们产生的积极影响。在我们家里，"接纳"其他家庭，尤其是处于风险中的家庭，是实现我们使命、试图做出改变的最好途径之一。

第四个故事，是我的博士论文。我在论文中回顾了国家从1776到1976这200年间所谓的"成功"文学。我发现，在前150年里，文学的重点集中在我称之为"道德伦理"上，即关于永恒、普遍和不言而喻的原则和自然法则。在后50年里，重点开始转向"人格伦理"，即主要基于形象和个性影响力的技巧。在过去的35年里，自从开始我的博士论文以来，与人格伦理的分离更为明显。即使有大量的表面文章涌出，但是我们商业的重点主要是外表、政治、财务收益，以及新技术及其应用。

　　第五件事，是生活的背景和培训的重点教会了我：一个人影响力的关键首先是受到影响——先理解，然后再寻求理解。人们只有在充分理解的时候，才会具有影响力。在和客户的咨询和培训中我发现，一旦我了解他们的想法，了解他们的燃眉之急，了解他们深感焦虑的问题，我就可以调整方法，发挥更大的影响力，尤其是如果我的方法是基于原则，而不是短期的娱乐或者好的故事。如果我首先寻找这种理解，甚至让自己的想法和信息受到他们感受和担忧的影响，那么我对他们的影响力就越大。

　　我接着尝试教人们永恒的原则，一种新的思维方式，一种能够随着时间的推移影响行为的东西，让人们有责任感，做出个人承诺，在个人和职业生活中引用这些原则。这样你就会产生长期影响力和感染力。当你的学生或者客户以原则为基础的时候，他们就会停止向你寻求答案。他们不再需要外部动力。他们变得越来越独立，能够思考自己的想法，在新的参考框架内提出自己的解决方案和应用方法。正如东方人所说："你给一个人一条鱼，你会养活他一天；你教一个人钓鱼，你会养活他一辈子。"

　　在中世纪，一些医生试图通过放血治愈人。该理论认为，血液中有糟糕的物质，所以需要放血。如果放血不起作用，而你不怀疑放血的理论，那么你会怎么做？你会以更快的速度放出更多的血。你可能会进入放血的"全面质量管理"，或者你可以加强团队建设，将他们带进山里，让他们从悬崖上跳下去。如此一来，当他们重新放血的时候，他们会以更多的合作精神去做。你可以教他们积极的思考技巧，让他们散发积极的能量。你甚至可以让病人做一个小训练，让他们在你放血的时候散发正能量。但是问题在于理论，而不是态度或者行为。但当巴斯德（法国化学家和细菌学家，创造了巴氏消毒法并且在疫苗接种技术方面进行了开创性的研究）和其他科学家发现细菌理论，即疾病的根本原因时，我们第一次知道为什么当时的孕妇更喜欢由接生员接生，而不是医生，因为接生员更干净。在战争中，更多的人死于葡萄球菌病，而不是前方的子弹。细菌理论能解释很多东西，所有的东西都是组织起来的，不过方式不同。这就是典范的力量，一种思考方式，一种理解现实的方式。

原则范式的力量是不变的、普遍的，不言而喻、自我证实，人们知道它们是真实有效的。例如，一个不言而喻的原则是：你不能说出自己陷入的问题。如果你希望在一个充满活力的市场中产生一种具有世界级期望和标准的信任文化，你必须具有可信度。如果你希望人们坚信一套原则，以此（主动）与其他人建立联系，创造新的双赢选择；如果你希望培养适应新现实的能力，培养自己的免疫系统，在面对无论什么事情时，都有适应能力，你需要在你的结构和系统中建立参与、责任和承诺的原则。

人们越来越意识到，如果我们要解决面临的社会问题，我们需要基于原则的不同思维和技能设置，并基于人性道德的重建，你不能伪造诚实正直。这是你的性格和你与其他人的关系整合。

第六件事，是通过在世界不同地区和文化中教授《高效能人士的七个习惯》，我开始了解到这些原则确实是普遍的。如果你能让足够多的人，在他们发展使命宣言的时候，深刻且真诚地互相作用影响，并且如果你能让他们反思和倾听他们的良知，并提出深刻问题，他们将会发出相同的基本使命宣言。他们会用不同的词语，但他们的使命将处理生活的四个方面：生活、爱、学习和传承。"生活"与物质和经济方面有关。"爱"与关系、尊重和尊严有关。"学习"涉及成长和发展的不断需求，针对世界级标准进行基准测试。而"传承"关乎意义，在于有所作为，有所贡献。

为了说明这个普遍原则，我经常讲以下这个故事：

在一个暴风雨来袭的黑暗夜晚，一艘海上船只的船长被疯狂地叫醒。

"船长，船长，快醒醒。"

"什么事？"

"抱歉要把你叫醒，先生，我们遇到麻烦了。"

"什么麻烦？"

"我们的航道上有一艘船，距离我们几千米之外，他们不肯让开。"

"让他们让开。"

"我们叫了，但是他们不懂，先生。"

"我来告诉他们！移动右舷20度。"

一会儿，对方的信号回来了："你们自己向右移动20度。"

"简直不敢相信。"船长吼道，"这个小丑是谁？他知道我是船长吗？告诉他我是谁！"

于是信号发出去："这是26号队长霍雷肖·霍恩布洛尔（Horatio Hornblower），命令你马上向右转20度。"

信号又回来了："这是3号海员卡尔·琼斯（Carl Jones），命令你马上移动右舷20度。"

"我真不敢相信，太傲慢了。我们是军舰，我们可以立刻让他在海上消失。让他知道我们是谁！"

"这是强大的密苏里号，第七舰队的旗舰。"

信号返回："这是灯塔。"

虽然这只是我的转述，但它是一个真实的故事，刊登在《海军程序手册》中。他们实际上把一座灯塔解释为一艘船。原则就像灯塔。你不会打破它，打破它只会让你自己伤痕累累。基本原则代表"正北"。因为，它并没有改变你的位置，指南针总是指向真正的北方，遵循自然规律和原则。你还可以在指南针上找到另一个指标，称为"旅行的方向"。这表示你的行为、动机、态度、方向和目标感。如果你想去东经90度，你会把旅行的方向做标记，然后朝着它出发。

我鼓励你在个人生活和组织中研究你的"旅行方向"，并检查你的方向和正北方向原则之间的一致性。将这个测试应用于你的个人生活、人际关系、管理工作、领导力和组织当中。通过定期这样做，你将开始建立一种原则和愿景、使命相一致的文化。

我认为，真正的挑战是生活与你的个人使命宣言保持一致。对我而言，这是一个不断挣扎的过程。我很感激组织、妻子、孩子，还有我的良心给我的360度反馈。我相信上帝，我们所有人的父，是我们良知的源泉，这就是为什么良知给了我们一个准确的感觉，即我们的生活是否与自然法则和原则保持一致，而这些法则和原则是所有持久的基础。

如果你种一棵中国的竹子，头四年你根本看不到它的成长。终于，它冒出尖儿了。但是到了第五年，这种竹子可以长到20多米高！ 同样，基于普遍、永恒原则的人们，家庭和组织将在强大的基础上壮大。

我们可以在其他人的生活中发挥如此重大的作用。 我认识许多伟大的教师和培训人员，他们正在影响社区、社团、学校、儿童、学生和家庭。如果我们关注社会的一切，但忽视家庭，那么我们只是泰坦尼克号上的甲板椅。我们作为教师，所做的工作性质非常重要。美国诗人艾略特曾经说过："我们永远都不能停止探索，如果我们的探索会有终点，那也会是我们下一次探索的开端，去首次认识我们未知的所在。"

我们已经知道这一点。这种材料基本上是常识，但它仍然不是常见的做法。我们需要不断提升自己的技能和能力，培养我们的欲望以及他人的欲望，以人格道德为生。我赞同夏尔丹的话："我们不是有精神体验的人，我们是具有人类经验的精神生物。"

所有这些塑造力量都鼓励和授权我不断努力长期建设，在正确的原则和人格伦理的基础上，建立生活、婚姻、家庭和组织。

❓ 问题：

如果你要重新生活，你会有什么不同的做法？

你的使命宣言是什么？

如果研究你的"旅行方向"，是否发现个人生活和职业生活与你的个人使命宣言是一致的？

第二章　不要只成为生活中有趣的人，
　　　成为一个对什么都感兴趣的人

——吉姆·柯林斯教你如何成为一名学习型领导者

　　吉姆·柯林斯是众多伟大企业的导师，指导他们如何成长、如何获得卓越表现，企业如何成就伟大。吉姆独自撰写或与人合作撰写了三部作品，包括《基业长青》（*Built to Last*）、《从优秀到卓越》（*Good to Great*）、《再造卓越》（*How the Mighty Fall*）。他的文章被刊登在《财富》《华尔街日报》《哈佛商业评论》以及《快公司》上。如果想要了解吉姆全部作品和文章，请登录 www.jimcollins.com。

学习执行官

试想一下，如果你主要围绕学习的目的而不是表现，组织你的时间和精力，那么你的一天会有何变化？对于很多人来说，他们的日常活动——现在或即将要做的事情——将发生巨大变化。实际上，尽管在"学习型组织"的概念上，仍有各种各样的争议，但令我惊讶的是，似乎很少有人能够接受成为一个真正学习型的想法。

我在采访一位电视制作人关于制作山姆·沃尔顿（Sam Walton）的纪录片时，深有此感。大约45分钟后，她问我是否有别的要补充，暗示这场采访快结束了。"没有。"我说，"但是我想问你一些问题。"她停顿了一下，显然没有想到我会提出这个要求，犹豫地说"好吧"。在接下来的15分钟里，我有幸能够询问她在自己的研究中学到了什么。这位制作人没有商业背景，她大部分的纪录片都是关于斯大林和莫扎特等历史人物，所以我想她可能会有新鲜而独特的观点。事实确实如此，我在自己喜欢的主题上，学习到了一些新的信息，获得了一些新的见解。

"我第一次遇到这种事。"她说,"我一直采访教授和专家,但是从来没有人反过来问我问题。起初我真的很吃惊,很难得看见有专家仍然在学习。"

停下来想一想,她是一个聪明的电视制作人,她花了一生的时间钻研特定的主题,她就像一个"行走的知识宝库",而那些不会停下专业学习脚步的人,则会借着与她的交谈,进一步扩展他们的专业知识。他们充当知识者,而不是学习者。顺便说一句,这与山姆·沃尔顿的做法恰恰相反。

沃尔顿不认为自己是零售业的权威专家,而是一个终身钻研自己手艺的学生,他总是提问,并抓住一切学习的机会。一位巴西商人曾告诉我,在他买下了南美洲一家折扣零售连锁店后,他给10位美国零售业的CEO写信,请求预约,只有沃尔顿答应了。"我们对零售业的了解并不多,所以我们想和了解业务的高管谈一谈。"他解释说,"大多数人都懒得回复,山姆却说:'当然可以,快来吧。'后来我才意识到,他感兴趣的是可以从我们身上学习,正如我们向他学习一样;他提出了很多关于巴西的问题。后来,我们在南美与沃尔玛建立了合资企业。"

要成为一个学习型的人,自然要像沃尔顿那样,用学习

的心态回应每一种状况。但也不仅仅如此，还需要设定明确
的学习目标。回顾你的长期目标、中期目标以及当前的待办
事项，有多少目标只是表演，有多少是真正的学习？有多少
是"我的目标是学习 X"，而不是"我的目标是要完成 Y"？
大多数人都有待办事项列表。确实，列表有助于完成任务。
一个真正学习型的人也有自己的待办事项，但是清单上的事
项，至少应该把重点放在如何组织自己的时间上。

　　位于加州沃森维尔的葛雷提石材公司（Granite Rock），
是为数不多的学习型组织。该公司通过用个人学习目标取代绩
效目标，实现学习型组织。石头、混凝土和沥青供应商实现了
明确转变，通过要求每一位员工在以完成表格"学习——所以
我可以——"中，设定他们的年度目标。

　　学习型的人同样需要制定明确的学习机制，例如"学习日
志"或者正式的"事后分析"，留出具体的时间讨论或者反省
事件，从中提取知识和理解知识。这类人种下了学习的种子，
日后会繁花盛开。我和一位杰出的思想家谈论了一整天，最后
的结论是："我有咨询费：你必须随时告诉我你的学习和进度。"
于是，每隔六个月，我就写一封信给他，我猜他每年都会收到
几十封这样的学习信。我还发现，学习笔记的做法是有用的。
在学习笔记中，我记录了对生活、工作、自己，对任何有趣事

情的学习和观察，就像一位科学家在任何问题上都会保存实验记录一样。这是一种强大的机制，不仅可以归纳学习，还能标识出我没有从中学习的活动（这些遗漏的活动，我后来会重新设计学习）。

我还没有完全成为一个学习型的人。正如大多数美国人一样，我的主要动力来自执行、实现和完成任务的冲动。但是我开始有意识地通过学习镜头过滤掉所有的东西时，发现了我做事情的时候，以及如何度过时间方面的戏剧性和细微差别。在"完成任务"的镜头下，我会留下一个语音邮件；在学习的镜头下，我会打一个即时电话，尝试提问并从沟通中学习。在性能镜头下，我会尝试用我的知识给面试官留下深刻印象；在学习镜头下，我会向面试官提问。即使是平常的活动，例如洗碗、刮胡子、步行穿过机场的时候，都可以通过带一个便携式磁带播放器，用磁带听书来改变。

约翰·加德纳（John W. Gardner）是经典作品《自我更新：个人与创新社会》（*Self-Renewal: The Individual and Innovative Society*）的作者。他是一个直到 80 岁，依然积极学习，保持教学计划的人。他的箴言很好地捕捉到学习者的精神："不要成为生活中有趣的人，成为一个对什么都感兴趣的人。"学习型的人，加德纳是一个最好的例子，直到他们死去的那天，仍然在学习，并不是因为学习会让他们"到达某个地方"，而是因为他们将学习视为之所以活着的一部分。当被问及学习能带来什么经济利益的时候，他们认为这个问题很奇怪，因为在他们看来，这个问题无异于"呼吸能带来什么经济好处一样"。学习和业绩之间的联系不言而喻，但是对于真正学习型的人（或者组织）来说，业绩并非学习的最终原因。学习就是学习的原因。除非我们掌握这一事实并进行相应组织，否则我们不会，也不可能会建立起学习型组织。

⑦ 问题：

如果你围绕学习的目的，而不是表现，组织你的时间、精力、和资源，那么你的生活会有何不同？

看一看你个人的长期、中期以及短期目标清单，有多少是业绩型目标？又有多少是学习型目标？

你的"待学习"清单和你的"待办"清单一样重要吗？

第三章　从他人身上更容易发现自身问题

——马歇尔·戈德史密斯教你如何更好地认识自我

马歇尔·戈德史密斯（Marshall Goldsmith）通过成功改造领导人积极、长久的行为习惯（包括自身、身边的人和团队的行为），让他们取得更大成功，是全球高级领导者培训领域的先驱与权威者。2009年11月，英国《泰晤士报》和《福布斯》发布的一项调查（有3.5万人参与）显示，戈德史密斯在"全球最具影响力50大商业思想家"中排名前15。他的书销售量为100多万本，被翻译为超过25种语言，其中《习惯力：我们因何失败，如何成功？》（*What Got You Here Won't Get You There*）位居《纽约时报》《华尔街日报》畅销书榜单第一名，并获今年罗德·朗曼商业类书籍奖。马歇尔是少数的几个被多达120个首席执行官及其管理团队邀请共事的顾问之一。他最近新出版了一本书，叫《如何得到法宝，守住并在失去时重新夺回》（*MOJO: How to Get It, How to Keep It, How to Get It Back if You Lose It*）。他的电子邮箱是 marshall@marshallgoldsmith.com，网站是 www.marshallgoldsmithlibrary.com。

镜子里的人

作为 20 世纪 70 年代初，加利福尼亚大学洛杉矶分校的一名博士生，我一直自我标榜为"时尚"和"酷"。我认为自己对人性、自我实现和深远的智慧有着非同寻常的深刻了解。

在刚开始攻读博士的时候，同班一共 13 名学生。导师是一名非常有智慧的老师，叫鲍勃·坦嫩鲍姆（Bob Tannenbaum），提出了"敏感性训练"这个概念。他发表过《哈佛商业评论》里文章传阅度最高的文章，而且还是正教授，是加利福尼亚大学洛杉矶分校我们学科一位举足轻重的人物。同时，他为人很亲切。在他的课上，他会鼓励我们讨论想要讨论的任何问题。

我选择的话题是讨论洛杉矶的人。整整三周，我都在评判

第一部分
领导者的自我成长之旅

杉矶人是多么糟糕："他们穿78美元一件的亮片蓝色牛仔裤，开金色的劳斯莱斯；他们造作，拜金主义，只关心怎样给别人留下深刻印象，却根本不理解生命深处那些重要的东西。（要评价洛杉矶人，我可是信手拈来，毕竟我是在肯塔基州的一个小镇上长大的。）"

终于，在听我连续吹嘘三周后，鲍勃疑惑地看着我问道："马歇尔，你在和谁谈话？"

"跟整个小组。"我答。

"跟小组里的谁？"

"所有人。"我说，有点摸不着头脑他想问什么。

"我不知道你有没有注意到，"鲍勃说，"每次你讲话，你都只看着一个人，只对一个人发表观点，而且似乎只对一个人的看法感兴趣。那个人是谁？"

"这有意思，让我想想。"我回答说。仔细思索一会儿后，我说："您？"

他说："对，是我。这间教室里还有12个人。为什么你对他们都不感兴趣呢？"

既然已经给自己挖了个洞，那就不妨挖得更深些。我说："坦嫩鲍姆教授，我觉得您能理解我所说的话的深意，我觉得您真正明白，上蹿下跳想要吸引别人眼光是多么愚不可及。我相信，您深刻地了解生活中什么是真正重要的东西。"

鲍勃看着我，说："马歇尔，该不会在过去三周里，你想做的就只是给我留下深刻印象吧？"

我吃了一惊，没想到鲍勃居然如此肤浅！"完全没有！"我说，"我觉得您完全没有明白我说的话！我一直在试图跟您解释吸引别人眼球是愚蠢的，而您完全没有懂我的意思。说实话，我有点失望，您居然完全不理解！"

鲍勃看着我，摸了摸胡子，总结似的说："不，我觉得我能理解。"

我又环视了一下周围，看到另外 12 个人的表情似乎也在说："是的，我们能理解。"

突然，我对坦嫩鲍姆教授产生了深深的厌恶。我花了很多力气琢磨他的心理，试图弄明白为什么当时他没明白我的话。但在六个月之后，我终于明白过来，问题不在他的身上，甚至也不在洛杉矶人身上。真正有问题的是我。最后，我终于看着镜子，说："你知道，坦嫩鲍姆博士的话是对的。"

我从这次经历里学会了重要的两课：第一，从他人身上更容易发现自身问题；第二，尽管我们会自欺欺人，但观察我们的人可能很容易发现这些问题。

我们看到的"自己"与外部世界眼中的"自己"几乎总是

有一定偏差。我学习到的（也在职业生涯里努力帮助他人明白到的）是，通常外部世界比我们自己的观察更加准确。如果能停下聆听，思考其他人的看法，我们就得到了一个对比内外两个形象的绝好机会。这样，我们就可以统一我们的价值观念和实际行动，开始做出真正的改变。

这个故事我至少讲了 300 遍，思考就更不止 300 遍。当我变得自以为是，牢骚不断，或者为一些"不公正的待遇"发怒的时候，最后我意识到的是，问题不在他人身上，而通常是我自己。

如今，我通常与大公司企业的高管打交道。我帮助他们设计一系列理想的领导行为，接着给他们提供匿名反馈，让他们能够将自己的行为（反馈人眼中的）和理想的行为做对比。我帮助他们以积极的方式处理反馈，从中学习并最后成为企业内部好的领导模范。虽然我的身份是"指导员"，我的指导很少涉及"分享智慧"，而更多是帮助客户从身边的人身上学习。这样来看，我从鲍勃·坦嫩鲍姆身上学到的不仅使自己的生活受益颇多，也塑造了我的职业生涯。

② 问题：

你眼中的"自己"与别人眼中的"自己"一样吗？还是从

他人眼中看到不想看到的"自己"？

"外部眼光"真正让你烦恼的原因是什么？

你的困扰有没有可能是自身问题的映射，而不是他人的问题？

他人诚实的反馈可以怎样帮助你统一自己的价值观和言行？

第四章　所有痛苦的源泉都是真相的缺位

——斯宾塞·约翰逊：忠实于生活，生活才能忠实于你

斯宾塞·约翰逊（Spencer Johnson），全球知名的思想先锋、演说家和畅销书作家。他的思想影响了数以百万计的人，帮助他们找到可以减少压力、健康生活的简单真理。他曾执笔及合著知名畅销书《谁动了我的奶酪？》（*Who Moved My Cheese?*）和《一分钟经理人》（*The One Minute Manager*）（与肯·布兰佳合著），其他著作还有《珍贵的礼物》（*The Precious Present*）、《为什么幸运的人总幸运，倒霉的人老倒霉》（*Yes or No*）、《道德故事》（*Value Tales*），以及"一分钟系列"（*One Minute series*）的五本书：《一分钟销售》（*The One Minute Sales Person*）、《好妈妈的一分钟》（*The One Minute Mother*）、《好爸爸的一分钟》（*The One Minute Father*）、《一分钟让你更出色》

（*The One Minute Teacher*）和《给你自己一分钟》（*One Minute for Yourself*）。他的书曾被 CNN、《今日秀》《拉里·金直播》《时代》《商业周刊》《纽约时报》《华尔街日报》《今日美国》、美国联合通讯社及 UPI 合众国际社用作专题报道。

忠实还是不忠实？

我的学习过程一开始非常痛苦，但所学到的却把我带到了一个很棒的境界，让我至今仍深怀感激。

大概是 20 年前，我才刚开始品尝成功的果实，一切却忽然不对劲了。这就好比河流，到了汇合处就泥沙俱下（这样的苦痛逼迫着我前行，我现在对此心怀感激）。当时经手的几个项目遇到了瓶颈，我面临着经济的压力。祸不单行，我要办理离婚手续。生活的平衡被打破了。表面上看来，我的生活一帆风顺，可暗地里其实已经风起云涌。最糟糕的是，我毫无察觉，被打得措手不及。我的想法跟大多数人一样，觉得自己是忠实于自己的，却发现是自己愚弄了自己。

我抽身脱离了状况一段时间，认真审视了自己的生活。我选择到一个与世隔绝的地方，没有电视也没有收音机可以让人分神，接着花了很多时间在空阔的海滩上来来回回散步。我大脑几乎是一片空白，不知道我的生活到底哪里出了问题。我独自一人待着，日复一日在水边散步、坐着或是盯着水面，思索着发生的事，思考着得意和失意。

我知道我想要改变，可是不知道哪里出了错，也不知道如何改变。虽然苦难是很棒的导师，让我决定了不能继续像以前那样活着，可很自然地，我的内心也想停止折磨。

我纵观了一下自己的生活，将其看成一系列事件的组合。经过长时间安静的观察后，我找到了过去生活的一些规律：成功的部分有其规律，而失败的则是相反规律。对比两者，我意识到，当我知道真相并接纳它的时候，我的生活很顺利；而当我不知道真相或者试图无视它的时候，就陷入了波折，带来痛苦的结果。找到了痛苦的源头，我的"学习之旅"就开启了。

我开始对挑战寻找真相并接受真相兴致盎然，尤其是那些显而易见我却看不到的事实。如今回头再看，事情其实简单得让人尴尬，可我这么多年以来为什么没有看到呢？寻找真相成了我的基石。我意识到，我有愚弄自己的力量，让自己相信那些不是真相的事情，那我的挑战就是要开始尽可能多地告诉自己真正的事实。

　　我用"忠实"这个词来指代告诉自己的事实，用"诚实"来指代告诉别人的事实。一旦做到忠实，要诚实也就很容易。对我来说，难的部分是要培养正直的品质——类似慎独。而我领教了"不忠实"，即欺骗自己，忽视或者偏执一词，付出的代价很深重，备受折磨。

　　一旦"不忠实"，我们就看不到自身存在的问题。如果我们坚信一件假的事情，我们还会努力说服其他人。而当所有人都走到了这条路的终点，就只剩下谎言，早晚都会感到痛苦。当我环顾世界，我发现所有痛苦的源泉都是真相的缺位。因此，若是我不想再花更多的时间苦苦挣扎，不管是经济方面、身体方面还是情感方面都好，重要的是我得"忠实"，用一切办法看清真相，并告诉自己真正的"真相"。

　　此外，我还学会了另一课，那就是，当痛苦减轻的时候，我要做的不是严厉苛责自己，而是即使知道自己错了，仍然要学习，很多时候，也依然振作并享受乐趣。如今，我问自己："我有保持幽默感吗？"我发现在真相与幽默之间保持平衡非常有益，讽刺的是，非常有利于促进积极性。有趣的是，幽默与积极性并无关联，幽默只是尽量享受当下。

　　我所写的书里，最喜欢的就是《珍贵的礼物》，因为讲的就是享受当下。这本书是我从放逐自己的荒岛上回来不久后写的，前半部是在从卡特琳娜岛返程的船上写的，后半部分则是一周后某一天在露台上完成的。书只用了短短两天时间就写完了，我知道不是我写出了那本书，而是书毫不费劲地经过我的手写了出来。

我知道自己逐渐接近了真相，因为个人意识淡了，更加轻松自在。

我领悟到，当忠实真相时，事情很自然就发生了，不需要花费太多功夫。只有在我们不忠实的时候，我们才需要停下来，说："等一下，事情出错了。这个太费力了。"

我问自己："你能感知自己的感觉吗？"一直到在沙滩上久久徘徊之前，我都花费太多功夫去思考，而不是感知。我阅读过、分析过，也思索过。我受过良好的教育（哈佛，梅奥医学中心，皇家外科医学院），撇弃了简单化，敬仰复杂的体系和内容。然而我发现简单其实更加强大——不是纯粹主义。简单是满足所需，无求更多。在我的一生中，没有哪个伟大可行的真理不简单到让我最终认清时几乎感到尴尬。

我的经历教会我另一课，那就是我们的情感，我们的自我，我们的信仰，其实都不十分重要。越是能一笑置之，就越说明这点。一旦撇开这些，在保持高效工作的同时也可以享受很多，因为我们不再是过程的中心；过强的自我意识已经不再是阻碍。

对我们自身以及身边的人,这是让我们更加享受生活的好办法。

以前,我做事情尽心竭力,而意识到自己需要放手,相信现实,让事情顺其自然后,所有事情都有了起色。

忠实生活,让我的生活有了飞一样质的提升。我与另一位很棒的女人携手再度踏入了幸福的婚姻殿堂,拥有了两个小孩,生活美满。对我而言,保持忠实是非常实用的办法。

当然,我必须坦承的是,我偶尔还是会重蹈覆辙,偶尔也会头脑不清,犯下愚蠢的错误,但我希望这些会越来越少。我逐渐意识到,必须时时忠实于生活,对自己和他人都诚实——当然也要享受这个过程。

⑦ **问题:**

我告诉自己的是事实吗?还是只是愚弄自己?

忠于事实还是视而不见?哪个更享受?

第五章　真正的领导者要学会从日常琐事中解脱出来

——沃伦·本尼斯教你如何重塑自我

　　沃伦·本尼斯（Warren Bennis）是一名杰出的工商管理学教授，同时也是南加州大学领导学院的创始人及主席。50多年来，他一直致力于观察领导者和管理者，并为此著书。他出版过许多著作，包括经典畅销书《领导者》（Leaders）、《成为领导者》（On Becoming a Leader），获普利策奖提名的《创造出来的人生》（An Invented Life），以及《七个天才团队的故事》（Organizing Genius）、《管人如养猫》（Managing People Is Like Herding Cats）、《老狗新把戏》（Old Dogs, New Tricks）。本尼斯曾在麻省理工学院斯隆管理学院、哈佛大学和波士顿大学任教，并担任纽约州立大学布法罗分校执行副主席和辛辛那提大学校长。

书写属于你的生活

我们皆面临着一个巨大的挑战：发现自己与生俱来的能力，用一生的时间创造和重塑自我。我认为自我创造即为想象力的实践，也是了解自我的途径。无法实现自我创造的人，往往满足于矫揉造作的姿态、陈腐的观念，埋没于人群中，难以脱颖而出。自我创造恰恰和接受原本的自我相反。

保持真实，从字面上说即成为自己的创造者（在希腊语中，"创造者"是"真实"的衍生词）：发现你天赋的能量和欲望，然后找到自己的方式采取行动。当你这样做的时候，你就不仅仅是为了实现文化环境、家庭传统或者世俗权威赋予你的形象而活着。当你书写属于自己的生活，你是在玩一场再自然不过的游戏，你是在遵循与自己立下的约定。

我的本源

我童年的景色，犹如贝克特（爱尔兰作家，荒诞派戏剧的重要代表人物）的舞台布景：贫瘠、粗陋、永无尽头。一个小男孩在等待一个也许永远不可能出现的人。偶尔会出现一些无关紧要的人：年长我 10 岁的双胞胎兄弟；一天工作 18 小时的父亲（当他脱下鞋子和沾满泥污的袜子时，脚踝上一圈圈的泥垢必须用硬毛刷才能刷下来）；不帮衬着父亲维持生活时就和朋友打麻将，喜欢歌舞杂耍表演的母亲。

我深感孤独、沮丧、被孤立，失去希望和欲望，意志消沉。"闷蛋"，父亲如此叫我。我独来独往，没有朋友。我记不起来，我是如何度过那些漫长的时光，我只知道在脑海中虚构我未来的理想生活，那些在脑海中如跑马灯般闪过的 24 小时纪录影片。

我不是很喜欢学校，除了夏勒小姐，我对其他老师印象全无。我非常喜欢夏勒小姐。她是我八年级时候的老师，可以算是一个名人，因为她的哥哥威廉·夏勒在柏林的 CBS 做广播。只要他在线，我就会倚在收音机旁。1938 年，新泽西韦斯特伍德地区是当之无愧的德国国债的主要支持地，对于一个时常感觉自己是该地区唯一犹太人的孩子来说，夏勒反对希特勒，这一点足以令我激动不已。

在一次重要的时刻，夏勒小姐让我们花 10 分钟告诉其他同学自己最喜欢的爱好。我一下子慌了神。毕竟我非常喜欢夏勒小姐，而事实是，我并没有任何能称得上喜欢的爱好。我曾努力发展的休闲爱好，结果也和其他孩子一样以失败和狼狈告终。我在运动上平庸无奇，我对集邮毫无兴趣，不喜欢将干虫诱饵绑起来钓鱼，狩猎令我紧张，用巴沙木搭飞机又突显我笨拙的头脑和双手。在令人绝望的时刻，突如其来的灵感让我下定决心要展示些什么。我将鞋油、不同颜色和形状的罐子和瓶子装进盒子里，因为我经常投入的唯一一件体力活，就是将家里的鞋子擦得锃亮。

所以，当轮到我站在众人面前时，我解释了一种新艺术形式的奥妙本质。我饱含深情地描述了我调色板上色彩的细微差别（我尤其喜欢深红色和褐红色之间微妙的差别）。我还谈到，不同的物件，若要有令人过目不忘的色调和光泽，所需要的颜料搭配以及各种搭配所起的作用也是不一样的。我论述了用固态和液态蜡的利弊，用精神饱满的语气就牛蹄油的多种优点做了一番演讲。这是一次了不起的表现，因为从始至终都是纯想象的行为。从夏勒小姐的笑容中我知道，她认为这棒极了。即使是同学们，也都惊讶得目瞪口呆。就这样，在一堆挥舞的刷子和鞋油中，一个崭新的沃伦·本尼斯诞生了。

军队和学校

高中毕业后我加入了军队（1943—1947年），时值第二次世界大战。在一些最简单，也是最残忍的词语中，例如士气、坦克、伤口、尸体等，我亲眼看到了最好的领导力和最坏的领导力各自带来的后果。军队是我第一个深入观察的组织。虽然我一直以来更喜欢和平的教室，但军队毋庸置疑是一个研究现实中的组织很好的地方，例如命令和控制型领导的作用，以及体制上官僚主义带来的麻痹。军队同样教会我有组织、有条理的价值。

从军队出来后，我进入了安提亚克学院（1947—1951年），在那里我开始学习要有自己的思想。这听起来似乎不太重要，但相当于人生的一次范式转移（指行事或思维方式的重大变化）。思想带来自由和解放。有思想，至少于我而言，相当于发展个人身份特征。

为了获得麻省理工的博士学位（1951—1956年），我开始了背诵和模仿。我模仿我的教授，模仿班上最优秀的同学。大约两年的时间，我说我听到的。最后，从我嘴里吐出来的字眼越来越自然，然而我时常想知道，我是不是在自己骗自己。

1955 年到 1971 年，我住在缅因州伯特利，当时所有人都在为库尔特·勒温的群体动力理论而兴奋。我在波士顿大学教心理学，学习精神分析法；在纽约州立大学布法罗分校，我懂得愿景除非有行动的支持，否则将转瞬成灰。

大学校长

我在担任辛辛那提大学校长期间（1971—1978 年），终于意识到我会是主要的学习榜样。我决定，我要成为一个起引导作用的大学校长，而不仅仅是管理人。两者间的区别很重要。许多机构管理出色，但引导薄弱。员工可能擅长处理所有的日常事务，但是他们从来不会主动问是否应该第一时间参与。

我专注细节，这使我意识到另一件事：人们正在玩陈旧的军事游戏。他们不想为自己必须做出的决定承担责任。"让我们推高难度"已成为座右铭。结果，每个人都往我的桌子上堆放文件。那时我决定，我的首要任务是组建一个"执行群体"，营运校长办公室。加入小组的唯一要求是个人需要比我更了解他的能力领域，并且必须愿意处理日常事务，而不必将他们交还给我。我要花时间去领导。

我意识到我一直在做许多领导人做的事情。我试图成为组织的一切：父亲、安排者、警察、监察员、拉比（犹太教经师或神职人员）、治疗师和银行家。后来，有一位经受了同样折磨的CEO对我说："如果我行走在车间里，看到排水渠泄漏，我必须伸出手指堵住它。"试图成为每个人万能的主，不会让我成为一名真正的领导。它会将你消耗殆尽。也许最糟糕的是，它否认所有潜在的领导者都有机会学习和证明自己。

事情变得越来越好，尽管我从来没有接近过理想。当我回顾在加州大学的经历时，我将它与我的精神分析做了比较：我不会为了这个世界而错过它，我再也不会去经历它。在成为领导者时，我学到了关于领导力和自我的一些重要事情。正如索福克勒斯在《安提戈涅》中所说的那样："虽然很难，但是要学会了解凡人的视线，直到他受到主要权威的审判。权力体现这个人。"

拥有行政权力，让我看到了一些个人真相。首先，正如歌曲所唱："在所有错误的地方寻找爱情。"在理智上，我知道领导者不能，也不应该指望被爱。但我严重低估了愤怒对情绪的影响。我有一个幻想，人们会爱我，只要他们真的了解我。

任何有权威的人，在某种程度上都是人们如何看待他的人质。其他人的看法可能是监狱。我第一次开始明白，成为偏见的受害者应该是什么样子，在别人钢铁般冷漠的眼神中无能为力。人们将动机归咎于他们的领导者，爱他们或憎恨他们，寻找他们或躲避他们，偶像化或妖魔化他们。具有讽刺意味的是，在我拥有最大权力的时候，我感受到了最大的无力感。

我意识到一个重要的事实。我从来不会对职位权力感到完全满意，这是组织可以赋予的唯一权力。我真正想要的是个人力量和基于声音的影响力。

垂暮之秋

USC 是我连续任期最长的机构。从很多方面来说，这都是我一生中最幸福的时刻。USC 为我提供了恰到好处的社交架构，从而使我能够做现在对我来说最重要的事情：从广义上进行教育事业。

在 USC，我有闲暇时间得以巩固我所学到的有关自我创造的知识、有关组织的重要性，变革以及领导力的本质，有时间找到交流这些经验的方法。心理学家爱利克·埃里克森（Erik Erikson）谈到人类发展的八个阶段。我想我已经进入第七个阶段，这是一个自我专注向利他主义投降的阶段。虽然写作是我最大的乐趣，但是我也非常乐意看见年轻人在成长，在进步，在我指导他们的同时，他们也在指导他人。

我发现，正如玛丽·凯瑟琳·贝特森（Mary Catherine Bateson）所说的那样，重塑自己，"自在生活"的需要是持续不断的。我最亲密的朋友山姆·贾菲（Sam Jaffe），他在50多岁时凭借《生来自由》（*Born Free*）获得了奥斯卡奖。在他去世的前几年，和我参加了剑桥三一学院有关狄更斯的夏季课程。当时我给了他一本书，他试图买下这本书的电影版权，继续参与到众所周知的好莱坞激烈的竞争中，他彼时已经90多岁。他给了我希望。

我发现自己已经拥有了一系列新的优先事项。过去一些令人痛苦的伤疤已经消失。我坚信我的三个孩子比生命中其他任何东西都要重要。在世界范围内取得一定程度的成功后，我几乎不用再考虑成功了。如今在我看来，谦逊的美德十分重要。我努力成为一个慷慨和多产的人。我希望在别人眼中，我是一个体面、有创造力的人。

我认为夏勒小姐会为我感到骄傲。

？ 问题：

你认为自己的天赋是什么？

你现在如何利用自己的天赋？你希望在未来如何运用它？

你现在的生活，会让你的父母、教练或者曾经的老师感到

骄傲吗？

第六章　你自己相信，才能让别人相信

——莎莉·海吉森教你如何培养领导者的自信

　　莎莉·海吉森（Sally Helgesen）是畅销书作家、演讲家以及领导力顾问。她有五本著作，包括《女性的优势：女性的领导方式》（*The Female Advantage: Women's Ways of Leadership*）——一本畅销 20 年的经典之作，以及《包容网：建立伟大组织的新架构》（*The Web of Inclusion: Architecture for Building Great Organizations*），被《华尔街日报》评为"有史以来最好的领导力书籍"之一。莎莉在全球数百家顶尖机构发表主题演讲，举办研讨会。客户包括微软、IBM、强生公司、安永会计师事务所、德事隆集团、美国陆军战争学院、世界银行、AARP、独立学院理事会、英国公共管理办公室、分散式教育中心、Oslo 以及 ING 巴黎。她在哈佛大学教育学院任教，并担任联合国发展计划在非洲和亚洲关于建立更具包容性项目的顾问。她和朱莉·约翰逊（Julie

Johnson）合著的新书《女性的愿景：女性在工作中真实的力量》（*The Female Vision: Women's Real Power at Work*）在2010年5月出版。

真我领导力之旅

在1990年，我的作品《女性的优势：女性的领导方式》（*The Female Advantage: Women's Ways of Leadership*）出版了。这是我第一本关注女性对组织的贡献，而不是她们需要如何改变和适应组织的书。该话题引起了众人的关注，20多年来，一版再版。

这次的成功，让我跻身女性领导力培训方面的专家。很快，我有机会为女性，甚至是女性领导者发声。头几年，我认为这个角色很尴尬。我的学术背景与这本书的主题毫不相关，我的职业生涯轨迹离经叛道，我的文化背景将谦逊视为一种美德。我怎么能够代表那些取得辉煌成就的女性发言呢？

这本书的标题更令我感到不安，它似乎可以解释为，我表现出，甚至拥有我在书中所写的优点。同样，我不确定我的新角色是否和我对自己的看法一样，我只是一个"作家"、一个客观的观察者，撰写我所看见的，而不是分享关于某主题的经验。我通过留意那些偶然的事情，专业知识的本质开始每一次谈话。

一天早晨，我在硅谷向一群女工程师发表演讲，听众要求我分享一件她们可以在第二天去做，以在组织中获得更多知名度的事情。答案很简单，因为我花了很多时间采访在工作中凸显价值的女性。我说，女性应该表明自己的成绩，而不是期待别人注意到自己的工作成果。调查表明，女性往往会犯这个错误。回到我的主题，我建议听众不要通过叙说自己的不足，削弱自己对组织做出的贡献。

在接下来的讨论中，其中一位听众指出，我一开始就在强调自己成为专家和观察员的角色，是偶然的事情，这难道不是在否认自己的成就吗？

我回答说，写作要求客观性，但即使我在说话的时候，也能察觉我的声音带有防卫的语气。于是，我停下了演讲，开始思考可能她的观察是正确的。我的这一做法让我与房间里的女性拉近了关系。我是作为一名专家，一名领导者，也是一个分享自己经验和疑虑的人在说话。我卸下防备，意识到，自己的矛盾心态不会为那些希望我提供指导工作的女性带来什么好处。纵容这种防备心态，无论是我还是听众，都无法承受。

回顾起来，我知道那天早上改变了我。演讲结束后，我走在加利福尼亚州的阳光下，决心要宣称自己对世界做出的贡献，并接受天赋予我的领导职责。虽然在无意中创造了我如今在世界上的地位，但是我有责任以优雅的态度接受它。不情愿只会欺骗那些被我的信息所吸引的人，并破坏影响变革的力量。

经过反思，我认识到真正的领导力往往是不请自来的，成就的结果往往会激发他人的信任。如果你将这些成就放在世界，不管你的意图如何，你都需要为他们创造的可能性负责。如果你提出的要求符合世界的需求，你必须尽一切可能帮助别人找到实现它的方法。

我也开始明白，领导者的职责不仅仅是个人的意愿和专业知识，还需要有能力，能够分享给期待你的人。我意识到，我的不情愿会在读者的心中埋下矛盾和恐惧的种子。有了这种意识，我才开始完全宣称自己的成就。我作为一名领导者的能力，取决于是否能解决悖论的漏洞。

⑦ 问题：

你专业生活中的真正领导力之旅是怎么样的？个人生活呢？你完成这趟旅行了吗？

在这趟旅行中，你释放了自己的何种恐惧？

你承担起了自己的成就要求承担的责任吗？

第七章　敢于说真话，是建立良好关系的基础

——艾伦·韦伯教你如何表达异议

艾伦·韦伯（Alan M. Webber）是《哈佛商业评论》的编辑主任，也是《快公司》的联合编辑。在此之前，他曾担任过俄勒冈州波特兰市市长的行政助理和美国运输部长特别助理。最近，他出版了《金玉良言：关于动荡、生存与应变》（*Rules of Thumb: 52 Truths for Winning at Business Without Losing Your Self*）（2009年）一书。

讲真话就是力量

1971 年，我 22 岁，生活在俄勒冈州波特兰市，是一名经验不足的新雇用行政助理，在同样年轻的市政专员——尼尔·戈德施米特（Neil Goldschmidt）手下工作。当时越南战争仍在肆虐，分裂国家和社区。我参加工作前几个月，戈德施米特在市议会通过了一项谴责战争的决议，但是该理事会拒绝采取行动。在市政厅工作了几天之后，我清楚地看到，有关战争的所有内容仍然悬而未决。

戈德施米特竞选市长的意图，使情况变得更加复杂。他很年轻，在市议会任职的时间才过了一半，而且他提出的关于这座城市的议程与保守派完全不同。市长一直受到老年人健康问题的困扰，早已宣布他有意退休。在市长缺席或生病的情况下，市议会主席成为临时市长，管理城市。戈德施米特委员恰好成为临时市长。

在那个时候，越南战争的反对者宣布他们将在波特兰市中心举行游行。他们向临时市长提出申请，请求准许游行。

要不要批准这次游行？戈德施米特委员承受了很大压力。在竞选公职之前，他曾是法律援助律师：他怎么可以拒绝和平示威的要求？而且他已经表明自己是战争的反对者。但问题是，前一次的示威活动最后演变成了暴力活动。一支队伍从游行队伍中脱离出来，打破了玻璃，在市中心捣乱起来。如果这种事情再次发生该怎么办？如果第二次暴力反战示威游行还是由临时市长戈德施米特签署许可，这点足以摧毁他竞选市长成功。

接着，我被告知要参加会议室里的一次会议。

我来到会议室，坐在长桌的一端，挨着我的老板，旁边还有一两个经验丰富的员工。考虑到我当时的年龄和薪水，我大部分的工作服都是从少年联盟交易所购买的。这家二手商店里有各种各样的旧夹克和西装，让我每天早晨在市政厅出现时，看起来更有个性。

临时市长和他的工作人员全部就座后，其他被邀请参加会议的人也陆陆续续到了。

首先进来的是警察局局长和他的心腹团队。他们穿着一套正式的警察制服，来的人至少有六个。我不知道他们的名字，但是当他们站立在桌子的一侧时，我被他们的年龄、制服所展示出来的权威所震撼。他们看起来就好像我在进入市政厅工作前的样子。他们和其他警察相对而坐。

会议开始了，我的老板解释了此次会议的目的：上一次游行期间发生了暴力和破坏，这要归咎于示威者，这一次他们可以给出什么承诺？他们如何控制人群？用什么要求市长给他们游行许可呢？

示威者立刻进行了反击。难道没有集会自由吗？还有言论自由呢？此外，防止队伍中有人捣乱不是他们的工作，那不是警察应该做的事情吗？为此，他们还对警察进行了嘲讽：我们听内幕消息说，那些暴力示威者要么是警察的小喽啰，要么是离职的警察在诋毁和平运动。

这让会议暂停了下来。双方都在互相指责、驳斥和侮辱。最后，我的老板将会议拉回主题：示威者准备采取什么措施防止另一场暴力事件发生？他们要怎么管制自己？

其中一个人说，他们在当地的社区中心举行培训班。另一位发言人说，他们招募了人员进行培训，以控制人群。他们不希望再发生暴力事件。

警察这方立刻反问：社区中心在哪里？培训课程是什么时候？会有多少人？培训什么内容？警察能来查看吗？

当然不能，对方回答。警察无论如何也不能来！一名示威者说，这是恐吓的一种形式。警察可能会带相机拍照。

没有相机，警察说。他们只是想在一旁观察，以防万一。

示威者坚持：他们的会议没有警察，也没有与警察合作。

直到这时候，我才开始说话。我太年轻，太嫩了。几年前，我一直是大学里示威游行的组织者，作为 MOBE 的一员，奔走于华盛顿特区。但是，也许正是这样的事实，那种经历使我明白：虽然他没有这样说，但我确切地知道反战领导人在想什么。

我看着他的眼睛，说："你不希望警察来，是因为他们可能不符合你们老一套的印象？"

房间变得鸦雀无声。

显然，我说出了一个不言而喻的事实。如果当敌人不符合你的固有观点时，当他们也能被证明是好的时候，敌对的概念也就不成立了。

接下来发生了什么？

警察参加了人员培训的会议，没有照相机，没有发生事故。

示威者获得了游行的许可证。

游行没有问题。

临时市长被选为市长。

我成为他最值得信任的员工之一，并且由于我坚持说真话，这成为和他建立关系的基础。

俄勒冈州波特兰市，成为美国最宜居的城市之一。

⑦ 问题：

在会议上说一些别人没有提出的问题有什么风险？不做这件事的风险是什么？

你是否会表达异议，提出不受欢迎的问题？你是否鼓励或奖励他人这么做？

你如何避免组织中的小集团思想？

您如何描述所在组织的文化？是可怕、无畏、冒险，还是谨慎？谁设定了这种文化？为了使其更加诚实，更坦率，更具自我意识，需要做些什么？

关键学习点：

领导力的启示

学习如何有效率地生活，往往会为我们提供最强有力的领导力方面的教训。毕竟，如果我们不能成为自己的领导者，又怎么能够领导别人呢？因为别人相信我们作为领导者的身份，他们肯定了解我们；他们肯定能看见我们真实的自我。这意味着我们必须知道并愿意揭示我们的真实自我。真实性要求我们对自己和他人都忠实，谈话、行为和意图都必须是真实的。我们生活中的重大事件，可以让我们发现自己真实的声音和感受，了解个人的真实想法，这些都是通向领导力征程的宝贵财富。南希·迪克森在她的《对话观点》（*Perspectives on Dialogue*）中指出，在组织生活中这是多么困难："我认为人们渴望与同事进行更真实的交流，但他们不确定这是否可能，甚至他们的渴望是否合理？工作通常不被认为是你应该满足自己需求的地方。因此，人们开始接受他们认为不可避免的事情：当他们在工作时，有一部分自己留在了家中。"

在阅读前几章之后，想想你通往真实和领导力的旅程：

在你的生活故事中，你是自己的作者吗？你正在撰写什么样的故事？

你在发现真实的自我方面，有什么经历？

有什么意义重大的事件或者关键的人物？

在什么情况下你很难做一个真实的领导者？

不真实地面对自己或者别人，有什么不好的地方？

你如何在人际关系中培养真实？

第八章　你必须要在工作中找到自己的使命感

——彼得·布洛克教你如何看待自己的选择

彼得·布洛克（Peter Block），俄亥俄州辛辛那提市人，是一位作家和顾问。他的工作是关于授权许可、综合管理、责任义务选择和社区调解。彼得的作品有《完美咨询指导手册》（*Flawless Consulting*）、《管家》（*Stewardship*）、《有权力的经理人》（*The Empowered Manager*）、与彼得·柯斯腾邦（Peter Koestenbaum）合著的《工作中的自由和责任》（*Freedom and Accountability at Work*）、《回答何为肯定》（*The Answer to How is Yes*）、《社区：归属的结构》（*Community: The Structure of Belonging*）以及与约翰·麦克奈特合著的《丰富多彩的社区》（*The Abundant Community*）。他的作品探讨了如何创造适合所有人的工作场所和生活社区的方法，为支配我

们文化的家长式信仰提供了替代方案。他是培训公司
"设计学习"（Designed Learning）的合作伙伴，由彼
得设计的工作室帮助许多人培养了他在书中描述的技
能。彼得在多个董事会和咨询小组中任职，其中包括
辛辛那提公共广播电台和青年嘻哈中心 Elementz。彼
得开展了一个公民参与网络——"小集体"（A Small
Group），旨在改变城市内部和周围的叙事。可通过（860）
572-0346 或 pbi@att.net 联系彼得。

一切皆可计量

我想不出任何一件影响了我的生活，但没有改变我工作的
事情。同样，我也想不出任何一件改变了我的工作，但丝毫不
影响我生活的事情。个人的改变、思维的改变和实践的改变都
是一样。在我的工作中，曾经发生了几件令我的思维产生极大
转变的事情。

20 多岁的时候，我在一个训练团队中开始从事组织发展。
在将近五年的时间里，我一直坚信，把事情做对是关键。我认
为，一旦开口说话，就应该说出真实的、经过深思熟虑的话。

当我工作的时候，我脑海中应该有清晰的目标。我满怀抱负的同时也深感焦虑，我渴望成为一名大人物。

领导了一个小组几年后，我开始参加周末的格式塔学习（Gestalt，心理学中的理论，它强调经验和行为的整体性，反对当时流行的构造主义元素学说和行为主义"刺激－反应"公式，认为整体不等于部分之和，意识不等于感觉元素的集合，行为不等于反射弧的循环）。在那之前，我一直专注于做一名优秀的培训师、顾问、好父亲、好丈夫、好邻居。我满足了这个世界对我提出的外在要求，以及我对自己的期望。通过学习格式塔，我了解到了"你就是一切"的表达。个人的定义不在于你现在或过去做了什么，或如何表现自己。我开始认为，个人的定义在于他理解和表达自己经验的能力。我对生活的观察自此从成就转向经验。

这种学习重新定义了我的工作方式。我不再问别人"协议由什么构成"或者"我们怎么解决这个问题"。我会问他们正在经历的问题。我发现，解决冲突的办法就是人们能够表达自己的感受和需求。制定协议和目标如果没有基于各方的感受，只会毫无意义，因为它并没有考虑到我们生而为人，人性的脆弱性。重要的是个人表达或者陈述自己身份的能力，而不是设定和实现目标的能力。

第二个重大的转折点发生在我 36 岁的时候。我读了蒂摩西·加尔韦（Timothy Gallwey）的作品——《正念修炼》（*The Inner Game of Tennis*）。加尔韦以网球比赛为例，提出了关于表演和学习的惊人见解。他的基本立场是意识，例如在网球中的身体意识，是自我怀疑和自我判断的解药。他的话犹如醍醐灌顶，我开始与这个世界、与自己有更加紧密的联系。

加尔韦对精神和哲学生活的观念，也深深地影响了我，我们内心有回答自己所有问题的智慧。学习是一个重新发现我们已知事情的过程。这使我开始质疑技能培训的目的。为什么我们要规定行为，然后要求人们联系、复制和模仿？这岂不是与人类精神背道而驰吗？这不是摧毁个人身份特征的行为吗？规定人们学习的内容和表现的形式，本身就不是真正的学习。

例如，我曾经很讨厌在众人面前说话。我是一个内向的人。我在发表演讲时内心无比挣扎。我努力让自己变得有活力，有魅力，以实现脑海中完美演讲人的形象。到了最后，我说："见鬼去吧！我永远也成为不了一个优秀的演讲者。为什么我不只是站起来说点什么？"结果，我成了一个好的主持人。我不再那么努力。我明白自己的焦虑是发现自己的声音。这是活着的迹象，所以接受就是了。

第三次改变人生的大事，发生在我 40 岁的时候。我在斯德哥尔摩经营一个网球的内心游戏训练班，恰巧参加了彼得·柯斯腾邦的讲座。彼得是一名哲学教授，他谈到了生命结构的深层部分，也是每个人都必须处理的基本问题，例如意志、命运、孤独和死亡等。我从未认真对待过这些问题。我坐在 300 名观众中间，仿佛瘫痪了一般。我不知道他说的东西有没有一半是经过公开发表的，但他认为命运和意志是每个人的问题，这令我震惊。

彼得的演讲结束后，我只有一个愿望：他千万不要来到我的工作室，见识到我昭然若揭的肤浅。幸运的是，他的拜访来晚了，我告诉他，他的演讲令我有多么感动。我问他是否能拜访他，是否能帮助我理解他的演讲内容。

我在加州圣何塞拜访了彼得，告诉他，大约每七年，我的生活仿佛就被掩盖，我不得不重新开始。对此，彼得问我："你的命运是什么？"我回答说，我不知道。对我而言，选择什么样的理想、目标和生活，都是很大的问题。我尽可能地参加彼得的每一场演讲，并且我在加州的时候，都会拜访他。又过了10 年，我才理解他的话。

彼得的感化帮助我创造了所有关于授权的工作。我开始成为彼得思想的翻译者。虽然有些问题还没有答案，但重要的是，我知道这些答案在哪。"使命感"的问题就是其中一部分。每个人都需要找到来到人世间的目的，然后追求它。每个人都有伟大的愿景，无论我们是否愿意接受它。

有时候人们会问我，在过去的 30 年里，我对别人有什么影响。答案是没有。也许我曾感动过别人，就像格式塔工作室、蒂摩西·加尔韦和彼得·柯斯腾邦，但我并没有给予他们什么。他们为自己的生活增加了巨大的价值。其他人给了我们一份礼物，但最终，我们都会选择对自己的生活负责。

⑦ 问题：

在目前的生活阶段，我们需要什么样的勇气？

如何重新拥有我们轻易放弃的自由？

第九章　找到能够施展个人能力的舞台

——查尔斯·加菲尔德教你学会寻找自己的力量

查尔斯·加菲尔德（Charles Garfield）是广受好评的"《顶尖高手》三部曲"的作者：《顶尖高手》（Peak Performers）、《团队管理》（Team Management）、《首屈一指》（Second to None）。以上三部作品分别关注个人、团队和组织的卓越表现，使查尔斯·加菲尔德博士成为美国在卓越成就方面的领导权威之一。简而言之，他的"三部曲"为领导者和团队描绘了一幅蓝图，督促他们不断提高自己，并且做到事半功倍。

跳舞的收费员

如果你经过收费亭，你不会与亭子里的人产生最亲密的关系。这是生活中的寻常事：你递上一些钱，对方或许给你找钱，然后你驱车离开。

我千百次路过旧金山－奥克兰海湾大桥，经过了全部17个收费窗口，从未与收费员产生过值得记住的回忆，直到1984年一天的早上。

当时我驱车前往旧金山吃午饭，经过其中一个收费窗口时，我听见了巨大的摇滚音乐声。听起来像是一场派对或迈克尔·杰克逊的演唱会。我环顾四周，旁边的汽车车窗紧闭，也没有广播车。我朝收费站里头看，一个男人正在跳舞。

"你在干什么？"我问。

"我在举行派对。"他说。

"那其他人呢？"我看了看其他的收费窗口，没有一点动静。

"他们没有被邀请。"

我心里有一堆问题想问，但是后面着急的车主开始按响了汽车喇叭，于是我开车走了。但我心想：我要再次找到这个男人。他的眼睛里有故事，他的收费亭里有魔法。

几个月以后，我再次找到了他，依然是嘈杂的音乐，依然是一个人的派对。我又一次问："你在干什么？"

他说："我记得你，我还是在跳舞。我在举行同一个派对。"

我说："好，那其他人呢？"

他说："等等，你觉得它们看起来像什么？"他指着一排收费窗口。

"它们看起来像收费站。"

"噢，不，运用你的想象力！"

我说："好吧，我放弃。你觉得它们像什么？"

他回答："竖立的棺材。"

"你在说什么？"

"我可以证明。每天早上8点30分，活人躺进去，然后他们就死亡8个小时。下午4点30分，像拉撒路（Lazarus，《圣经》人物，被耶稣从坟墓中唤醒复活）一样，他们复活，然后回家。在8个小时里，他们的大脑停止思考，死在岗位上，只不过身体有动作罢了。"

我惊呆了。这个男人有一套关于工作的哲学。我不禁要问下一个问题："为什么你不一样？你玩得很开心。"

他看着我。"我知道你会问这个问题。"他说，"有一天，我会成为一名舞者。"他指着行政大楼，"我的老板在那里，他们正在为我的舞蹈付钱。"

16 个人死在了工作岗位上，第 17 个人则在完全相同的情况下，找到了一种生活方式。这个男人正在进行一个人的狂欢，换作是你和我，可能持续不了三天。因为太无聊了！后来我和他一起吃午饭，他说："我不明白为什么有人会认为我的工作很无聊。我有一个角落办公室，四面都是玻璃。我可以看到金门大桥、旧金山、伯克利山；这里有西方世界不一般的度假胜地，我每天都能漫步，练习跳舞。"

那么，是什么让他在 16 个人浑浑噩噩走进"竖立的棺材"的时候，自己却能一个人举行派对呢？使命？目标？有的人做着和其他人一样的工作，但却拥有不同寻常的使命感；他们享受其中，他们有精力实现更高的水平。

这位跳舞的收费员并没有特殊的工作任务，也没有能够改变生活条件，区别于其他收费员的特权。但是他找到了自己的使命，所以他愿意，并且有办法利用工作的条件，一步步实现自己的使命。他找到了阿基米德所说，用杠杆能够撬动地球的地方：一个站立的支点。

　　他找到了一个我们可以称之为"卓越表现"的空间，在这里，他的个人使命和组织总体环境对他的具体要求能够相匹配。这是一个能够影响生产力的地方，是能够促使个人能力达到顶峰的最佳杠杆点。我不知道这个收费员是否找到了自己的观众，但是我知道，当一个人足够长时间地观察顶尖高手时，他会越来越清楚他的主要天赋之一，就是找到个人力量施展的地方。

　　他们渴望有一个能够站稳脚跟的支点，是基于他们对杠杆作用的敏锐观察，对完成使命、拥有最佳成功机会的认识了解。当他们具备工作中所需的能力，以及能够支持完成使命的能力，那么他们遇到的阻力相对较小。

　　此外，当一份工作为个人实现使命提供了工具的时候，当个人所处的位置能够支持任何可能出现的任务时，个人就会建立起完成当前任务和管理其他任何事情的能力和信心。

　　如果工作和使命没有一致性，而且没有坚实的支点，这该怎么办？如果你还有自己的任务要完成呢？那么，就要通过超人的意志，强迫自己克服三个方面中的任何一个。我们都知道，尝试用小杠杆撬动重物有多困难。人可以勇敢而顽强，即使知道自己不在正确的支点上，也会尝试做。人们往往非常清楚，自己并没有被准确定位，尽最大的努力，而这削弱了他们立定脚跟的意愿，以及处理沿途事件的能力。

这似乎与彼得原理（"向上爬"理论，指在一个等级制度中，每个职工趋向于上升到他所不能胜任的地位）背道而驰。我说的是，为了实现相当大的能力定位自己，到达一个看似可能的地方。无论通往成功的道路会带我们走向华尔街、硅谷，还是大马士革，我们都可以开玩笑地称之为保罗原理（Paul Principle，员工通过组织提升，直到他们不再对工作抱有乐趣，然后选择离开，成为自由工作者）。

找到自己位置的人，会喜欢他们的工作。他们会投入其中。他们感到自己在成长、学习和体验。他们不仅发现了自己的使命，还坚定了立场，找到了实现目标的最佳环境。他们从自己的工作中看见具体的成果。不仅是别人，他们也会认可自己正在做出的贡献。

? 问题：

你是第 17 个收费员所说的，"死在工作岗位"上的 16 个人之一吗？

哪里是你施展个人力量的地方？

你认可自己正在做出的贡献吗？你有感到自己在工作中成长、学习和体验吗？

第十章　模仿是自杀，你需要做自己

——威廉·布里奇斯教你如何回归本我

　　威廉·布里奇斯（William Bridges）是"布里奇斯变革"模型（Bridges Change Model）的提出者，美国作家、演说家，为组织和个人提供如何成功应对变革和转型的咨询。他出版过10本书，包括《转换》（Transitions）、《处理转换》（Managing Transitions）、《转换之路》（The Way of Transition）、《工作转换》（Job Shift）等。他被《华尔街日报》评选为"10大独立人才发展推荐人"之一。布里奇斯的客户包括AT＆T、英特尔、惠普、阿莫科和宝洁公司、美国退伍军人管理局、美国能源部和人文服务部。布里奇斯在哈佛大学、哥伦比亚大学和布朗大学主修人文学，在40岁转变职业生涯之前一直是美国文学教授。布里奇斯还是人文心理学协会的前任主席。

"好像"的生活

大概 40 岁的时候，我正在大学教文学。在一次休假中，我花了大量时间研究文学心理和文学是如何影响人们的。我不知道这项研究最后结果如何，但我发现它很有意思。我尝试将调查结果撰写成文，文章看似死气沉沉，但是我认为这个主题还是很有活力的。我不知道为什么，当想法跃然纸上，就变得毫无生命力。

我正在阅读其中的一段，妻子也看了，她说："太学术了。"

"我是个学者。"我回答，"让我歇会儿吧。"

妻子向我解释她的意思："你写了太多别人的想法，你自己的想法呢？"

我的回答含糊不清，大概就是："我只是表明我想法的来源。"但是妻子的话令我耿耿于怀，她一针见血：我可以阐述别人的想法，但我从未说过自己的想法。

第二天，我开始以一种好像洞悉所有真理的态度去写作。但是我不得不加上"好像"，因为当时我的思想是由学术以及所在的本源文化塑造的。只要我能自欺欺人，告诉自己是知道点什么在写作的，然后我就能演变成一种写作方式，随后是说话方式，更像是见证了事实，而不是报道其他人对事实的看法。

我不能说自那时候起，我的生活有多少是直接来自那些日子，或者我的行为表现得多有效力。当时我主要在教授 19 世纪的美国作家，尤其是拉尔夫·沃尔多·爱默生、亨利·戴维·梭罗和沃尔特·惠特曼。事实证明，他们三个人证明我所学到的东西都很有用，爱默生的一句话对我产生了极大影响。他说："不要引用别人的话，告诉我你知道的。"

我决定要认真对待爱默生的观点。爱默生曾经是一位部长，后来辞去了这个出名的职位。他的妻子在结婚后不久死于肺结核，在她去世后的一段时间里，爱默生去了欧洲。显然，他不能再传教了。爱默生对传统的基督教产生了怀疑，妻子的离去，也带走了他最后的支撑。在欧洲期间，爱默生在他的日记中写道："我想知道我是否有勇气将自己置于其中看待世界的每一方面，是否有勇气接受第二手知识。"他说，"这就是我想要做的。"他为这个想法建立了自己的职业生涯。

在爱默生著名的作品《依靠自我》中，他说："模仿是自杀"，"说出你认为真实的，每一颗心都会有所反应。"因此，爱默生和同样说真话的梭罗，以及惠特曼成为我的指导者，并从此成为我的向导。

爱默生在我这个年龄的时候，曾说："最近一直在反思为什么我没有任何追随者。很多人写的东西比我少，但他们有各种追随者。"他继续说，"我前几天想明白了，那是因为这些人正在尝试将别人拉拢，而我则尝试让他们回归自我。"我希望爱默生知道，这同样适用于我，他的文章并没有让我走近他，而是让我走近了我自己。这就是我和他人或者和组织合作时想要实现的目标，这些年来，我一直在这么做，让人们走近自己。

我非常感激爱默生的话，让我成为我真正的自己。

? 问题：

如果要你说出内心最真实的话，你会说些什么？

如果你能基于个人的真理建立工作生活，那将会是什么样子？你会做什么类型的工作？和谁一起工作？

第十一章　人在教别人的时候，学习得最多

——詹姆斯・M. 库泽斯谈领导者高效学习的方法

　　詹姆斯・M. 库泽斯（James M.Kouzes）是圣克拉拉大学列维商学院的领导研究学教授，他和巴里・波斯纳（Barry Posner）合著了畅销书和获奖书《领导力》（*The Leadership Challenge*），现已第四次出版，发行超过 180 万本，翻译成 22 种不同的语言。詹姆斯和巴里还合著了超过 30 部作品，其中《领导统御实务要领目录》（*Leadership Practices Inventory*），是最畅销的领导力评估书。2009 年，他们获得了美国培训与发展协会（ASTD）对职场学习和表现的杰出贡献奖。《华尔街日报》将詹姆斯列为"美国 10 大独立执行教育者"之一。

教育和培训

我需要一份工作。那是 1969 年的夏天，我刚刚在土耳其埃斯基谢伊尔的和平团队服役两年后回到美国。当时我 24 岁，充满着 20 世纪 60 年代的激情，想要有所作为，但是我失业了。我曾经教过第二语言英语，并且越来越喜欢学习者和学习。在上大学之前，我曾梦想成为一名足球运动员、部长、建筑师或者外交人员，但是我心里有一个声音一直在对我说：当老师。在和平团队完成了两年的英语教学后，我很确定我会属于三尺讲台。

然而，寻找教师的职位毫无结果。虽然我当过两年的中学教师，但是美国没有任何学校接受我只有经验而没有教学证书。于是，我把注意力转向约翰逊政府贫困计划的社区服务工作上。在当时是华盛顿特区职业公务员的父亲帮助下，我接受了一次社区方案培训机构的面谈。该机构需要一些充满热忱，同时又对薪酬要求不高的年轻人为新成立的社区机构员工提供管理和人际技能培训。由此，我在西南部地区找到了一份工作，巡回在得克萨斯州、阿肯色州、路易斯安那州、俄克拉荷马州和新墨西哥州之间，传播福音和建立有效人际关系的技巧。

当时我对管理知识不太了解——除了我父亲在餐桌上告诉我们的东西——但是在和平团队的培训中，我有机会体验了世界上最优秀的人际技能培训。国家训练实验室（NTL）是T-group的先驱，在和平团队的跨文化培训中发挥了重要作用，我从1967年开始接触他们的方法。我迫不及待想要进行这类培训。

虽然新同事和我缺乏实践经验，但是我们精力充沛，热情满满，渴望为他人服务。我们的新雇主也非常明智，他明白早期的世界一流培训对新员工的工作有多么重要，所以他聘请了最好的人员帮助我们渡过难关。过了没多久，我就沉迷其中，开始了为期一生的冒险，并开始了我的职业生涯。

在培训过程中，我遇到了一些经验丰富的NTL专业人士。弗雷德·马戈利斯（Fred Margolis）是其中之一。弗雷德是马尔科姆·诺尔斯（Malcolm Knowles）的学生，他是著名的"成人学习理论和方法之父"。弗雷德是一位大师，他在20世纪70年代早期教过我一堂课，从此塑造了我作为一名教育工作者的一切。

当时我在华盛顿特区工作，经过一天的培训后，我和弗雷德在一家意大利餐厅见面，共进晚餐。在我们的晚餐期间，弗雷德问我一个问题："詹姆斯，学习最好的方法是什么？"因为我广泛地参与了体验式学习，所以我很自信地告诉弗雷德："学习最好的方法就是亲自体验它。"

"不。"弗雷德回答，"学习的最好方法就是把它教给其他人！"弗雷德的纠正如醍醐灌顶。这是我永远不会忘记的时刻之一。突然间，我对教和学的意义有了全新认识。教学行为是一种学习行为——最深入的学习。当你在教别人的时候，无论你是资深专家还是新手，你都能感受到这种影响。

别人请你赐教的那一刻起，你就开始思考、学习、担心和做准备。在这个过程中，你开始被学习消耗。你知道自己处于危险的状态。你将不得不在别人面前现场表演，所以你最好了解自己要讲的东西。你必须深入学习。已故的管理大师彼得·德鲁克（Peter Drucker）透露，他在职业生涯早期，从一位导师那里学到的五项最重要的领导课程之一，就是："人在教别人的时候，学习得最多。我的第三位雇主是银行三位高级合伙人中最小的一位。每周，他都会和我一起坐下来，谈论他看待世界的方式。最后，我认为他从我们的谈话中学到的东西比我多。"

"学习某物最好的方式是将它教给别人"，这是我得到的经验，它比其他任何学习课程都要深刻地塑造了我的风格。它成了一句口头禅，我每天会重复很多次。它激发我寻找人们相互教导的新途径。即使在我新书的演讲会上，我也会试图为参与者提供一个成为老师的机会。当他们作为一个典范或者主题专家，作为观众的可靠信息来源时，我知道他们会比单纯作为旁观者更深入地了解。我也这样做，但是他们所做的教学，是体验中最重要的部分。当你知道自己内化了知识，它会成为你身体的一部分。但你内化了它，你还可以将它外化，你就可以教给别人了。

这个教训也让我意识到，名师和学员是讲故事的高手。我们所有人了解彼此，我们通过展示的照片和讲述的故事了解彼此。其余都隐藏了起来。我越是能够有效地让参与者深入内部，发现他们从自身经历中学到的东西，我的教学就越有效。发现和讲述自身故事的能力越强，我学到的东西就越真实。学习和教学，教学和学习，它们一直是一段快乐的冒险，一直都是!

在我看来，优秀的教师对学生的了解只有两个原因：一是他们致力于学习，二是热爱学习。想一想，也许这只是一个原因。

⑦ 问题：

什么是你最想学习的领导力课程? 你会怎么将它教给别人?

作为一名经理，你如何让你的员工教你?

作为父母，你如何让你的孩子教你?

你怎么能把你的工作场所变成教室，让人们能够始终在里面学习、教学?

第十二章　做你本人有天赋的事情，
才是真正有价值的

——杰伊·康格谈领导者的生活哲学

杰伊·康格（Jay Conger）是伦敦商学院组织行为学教授和南加州大学高级研究科学家。他撰写了 60 多篇文章和 8 本书，研究领导力、组织变革，董事会以及管理人员的培训和发展。他最近的著作有《战胜对方：劝说时代下的管理新模式》（*Winning'Em Over: A New Model for Management in the Age of Persuasion*），《领导者变革手册》（*The Leader's Change Handbook*），《组织中的魅力领导者》（*Charismatic Leadership in Organizations*）。教学是康格的最大热情之一。他获得了众多的教学奖项，并被《商业周刊》评选为"最佳商学院教授"。作为一位前考古学家，他充分享受生活，并始终具有冒险精神。

在"爱城"生活的启示

故事发生在阿芙罗迪西亚的夏天，一座以"爱城"为名的土耳其城市。在那个夏天，关于生命，关于时光流逝，关于好好生活，对我都有了新的启示，影响深远。

在那个夏天，我开始感激我们每个人所代表的时间。我认识到我们所拥有的时间是多么宝贵。事实证明，财富、权力、名誉、声望都会消逝，它谦卑地提醒我们，想要留下什么遗产，几乎是一个幻想。我的经历深深地灌输了我一个信念，我们必须找到方法，做一些生活中每天都能够获得回报的事情。如果我们不这样做，我们就会浪费我们的经历，失去人生在世短暂的机会。

那年夏天我19岁，刚刚读完大二。我主修人类学专业，很幸运在国家地理学会找到一份工作。我有机会加入在土耳其南部阿芙罗迪西亚的一个考古队，这个地方非常偏远，距离最近城市还要几个小时车程。

这是一次千载难逢的好机会，因为阿芙罗迪西亚是古代最重要的城市之一。作为一座希腊和罗马城市，阿芙罗迪西亚拥有数百年的历史，是最重要的艺术和建筑中心。罗马城市中的每一个人都希望拥有来自阿芙罗迪西亚的作品，因为它的雕塑学校在整个地区赫赫有名。不像大多数善于复制希腊作品的罗马雕塑家，阿芙罗迪西亚以其独创性而闻名四方。

这座城市位于两座山脉之间的山谷中。其最早的居民——史前人类，定居在山谷中心一个庞大的山丘上。从战略上讲，这是一个很好的位置：土地肥沃，有水，从山上可以看到从任何一个方向靠近的敌人。最终，这座小城镇发展成为一座希腊城市，然后成为数十万人的罗马城市。

我的工作是和90名土耳其工人一起合作，挖掘阿芙罗迪西亚的剧场。19世纪初，法国人最早在那座大山顶上发现了被猜测为剧场的大理石碎片。史前人民在那里建立村庄时，罗马人将山坡视为自然的露天剧场，并沿着山坡建了座位，以山丘为支撑系统。这是一个巨大的剧院，能容纳约4000人。然而几千年来，地震和时间已经摧毁了大剧院，剧院的上部已经倒塌并向下倾倒。到了中世纪，剧院的存在证据仅残留少许。我们的工作是发掘剧院，清除填充物，恢复它原来的样貌。

我的同事来自一公里外的一个村庄。他们每天早晨走到剧场遗址，结束一天工作后再步行回家。虽然这些人很友善，但他们却是一群粗暴而笨拙的人，会因为一个小小的分歧而动用武力。我作为一名学生，不自觉离他们远远的。他们也为我带来了一种文化挑战。例如，他们只讲土耳其语。一开始，我一言不发。可是我当时是雇用他们的老板。我很快学上了土耳其语。

每天的挖掘都会让我们离过去更进一步。我可以看到，随着古代城市重要性的下降，终于，在罗马人离开的时候，这座伟大的建筑消失了。这座城市演变成一系列拜占庭式的小村庄，然后是一系列伊斯兰村落。这些村庄一部分建在露天剧场内，因为它是天然的屏障保护。我们不得不层层挖掘，直到揭露它最原始的面貌。

在挖掘的过程中，隐藏在古老村庄墙壁上的硬币，以及被破坏和遗忘的日常陶器也渐渐重见天日。我会发现一些当时的人收藏起来，以免被盗的看似珍贵的财物。我清楚地看到时间和人们的流逝。在整个过程中，我们的挖掘穿越了 2000 年。我们每天都在向过去接近 50 年，几乎是古代人一生的时间。时间消逝的证据强而有力，令人感动。

当工人结束一天的工作，回到自己的村庄时，古城就属于我们这一群考古学家。我习惯在夜里的废墟中散步。土耳其的夜晚很神秘。黄昏时分，天空变成灿烂、浓郁的粉橙色，随着夜晚的开始，银河从地平线延伸至天际。我被这壮丽、自然的美景深深震撼，与此同时，古代寺庙、大理石走道和漂亮的雕塑更彰显其美丽。就好像我们拥有一个庞大的博物馆,一个没有屋顶,曾经拥有30万人口的博物馆。

这个地方让人有一种强烈的神秘感。它本身很壮观,几座美丽的寺庙,纵横的大理石街道、商店、房屋和宫殿,还有一个能容纳约2万人的巨大体育场。我在夜里独自徘徊在这些神话版的废墟中,风吹过,我仿佛能听见2万名罗马人在为他们喜欢的球队加油。

我突然敏锐地意识到,从现在起1000年后的一天,一些年轻的考古学家会发现我在这里居住过的这段时光。我会像那堆小石头和瓦砾组成的村庄一样,被人挖掘。

我也学到了另外一课。剧院以及许多纪念碑,无一例外是由那些特别富有和强大的个人建造的,他们将自己的名字刻在宏伟的大理石建筑上。一位杰出的人把一栋建筑物献给这座城市,另一位杰出的人把另一栋建筑物献给这座城市。在那个时候,他们往往是城市中最强大的人,最强大的罗马公民,但是今天没有人知道他们。他们只是墙上的名字。他们一直都是他们那个时代最成功的公民。没有人会永世长存。我也会消逝,不管我拥有什么名望,意识到这点使我深感谦卑。

雪莱描写过奥兹曼迪亚斯——一位矗立在沙子中的埃及法老雕塑:"我的名字是奥兹曼迪亚斯,王中王:看看我的作品,你们威武而绝望！"我们只能看见法老雕塑破碎的头颅，他的伟大已经消失了。

我开始亲眼看到，尽管这些有能之人还活在我们的公众作品、艺术或书籍当中，但是他们的影响力仍然有限。通过我们的孩子和孙子延续我们的生命，但仅此而已。我的启示是，好好生活，过好每一天，为了自己和家人。不要只是为了你希望留下的东西而生活。

在此期间，身边围绕的宏伟和神秘的生命，又让我感到矛盾。当我漫步在人们曾经生活过的古老城镇中时，我感到和高尚的权力有一种联系，有些东西确实是永恒的。我觉得这里肯定有一位神，因为我能感到自然之美和人间之美融合在一起的力量。

当然，阿芙罗迪西亚"爱城"，确实，所有的一切，虽然以一种奇怪的方式，但都是围绕"爱"进行。如果你热爱生活，那么你会爱自己，并且热爱与你一起生活的人，你有责任发展他们和自己。如果你爱自己，你总会做一些让自己变得更好的事情，而不是那些会伤害自己的事情。

就像土耳其的日落，在阿芙罗迪西亚的那个夏天，我的生活每天都变得多彩，因为我敏锐地感受到了时间的短暂和宝贵。对我来说，发现自己的天赋，及早地意识到自己的潜能非常重要，如此一来，才可以让我在这个星球上的短暂时间变得重要起来。

在阿芙罗迪西亚，我还加深了另一个观点，那就是：我的名字实际上并不存在某些知识，即用一生试图建立一个能够活下去的名字是一种幻想。做我本人有天赋的事情，才是真正有价值的——构建生活的日常遗产，而不是永久的、不朽的遗产幻想。

? **问题：**

知道了你的遗产不是永恒的，你今天该怎么生活？

你今天能做什么，可以立刻给你以及与你共同生活和工作的人带来回报？

你怎么能成为别人今天更好的老师和发展者？

>>> 第二部分

领导者如何轻松影响他人
——让下属心甘情愿追随的艺术

第十三章　你要做的是散布光明，而非黑暗

——罗伯特·罗森阐述正面与负面影响力

罗伯特·罗森（Robert Rosen）是国际知名的心理学家、畅销书作家、研究人员和世界级公司的商业顾问。他是国际健康公司（Healthy Companies International）的创始人和CEO，该公司位于弗吉尼亚阿灵顿。他有20多年的咨询和研究高管经验，并在商业、政府和非营利部门工作过。每年，他都会与全球数千名高管进行交流，并定期出席国际媒体，包括《金融时报》《纽约时报》《商业周刊》《财富》杂志和《华盛顿邮报》。罗森博士最近出版的书有《恰到好处的焦虑：企业成功的潜在驱动力》（*Just Enough Anxiety: The Hidden Driver of Business Success*）与《催化剂》（*The Catalyst*）。

作为优秀教师的学习旅程

我的故事围绕我职业生涯早期的三件事展开。每一个故事都向我展示了，人是如何向身边的人投下光明或布下黑暗。通过这些经历，我开始学习健康型的领导力，并致力于尽可能地释放更多的光芒，帮助和鼓励有同样想法的人。

第一件事发生在我在乔治·华盛顿医学院精神病学系工作的时候。我刚刚完成了临床心理学的博士培训。一天，一位母亲带着她十几岁的孩子来见我。她的孩子有药物和行为障碍问题。显然，孩子的父亲因为太忙而无法一同前来。我后来发现，这位成功的商人把自己和公司都经营得一团糟。经过几周的治疗，他们决定放弃。

几年后，我再次遇见了这位母亲。她告诉我，丈夫的公司已经破产了，他由此开始酗酒，两人离婚了。他们的儿子在一家精神病院接受治疗。这个插曲深深地影响了我。这是我第一次体验到，领导者可以为身边的人带来如此不可思议的黑暗。

第二件事发生在我在赫曼米勒公司（Herman Miller Company）

工作的时候，这是一家家具制造商，位于密歇根州泽兰。我很高兴能够拥有这次工作机会，因为这是我第一次在《财富》500 强公司担任咨询工作。第一天，我在公司的礼堂准备开会。在等待的时候，我看见一个女人小心翼翼地将椅子连成一排：她绝对是一个认真细致的人。她给我留下了深刻的印象，我说："你好像真的非常在乎你所做的事情。"她回答："经营这家公司的人真的非常在乎我的生活和家庭。"

我最终遇见了"经营这家公司的人"，马克斯·德普雷（Max Depree）。这是我第一次和能向身边的人投射光明的 CEO 谈话。

然而几个月之后，我再一次经历黑暗。我正在参加一个会议，在休息的时候，我站起来想要喝杯咖啡，发现我旁边是一家《财富》100 强的保险公司的首席执行官。当时的我很年轻，总是好奇满满，我向他搭话。我的话还没有说完，他就完全忽略我，端着咖啡径直走了出去，就好像我只不过是桌上的勺子。这是我第一次，也是唯一一次完全被弃之不顾。我亲身感受到了自负型领导者可以造成的强大影响。

从这些和其他经验中，我逐渐理解了领导者的力量，它既是人类精神的解放者，又是人类尊严的驱逐者。在"勺子事件"发生后不久，我发誓，要尽我所能（我并不总是这样做）为其他人投下尽可能多的光芒。其中要做的包括深入了解员工和他们的公司，鼓励他们做同样的事情。我没有专注于人的病态，而是着眼于让人变得强大、优秀、重要和富有成效的原因。自从 30 年前的第一次体验，我已经见过或者为来自 40 多个国家的 300 多位 CEO 提供过建议。作为首席执行官的顾问、演讲者和作家，我一直试图讲述商业中人性的真相，以及为何其事关重大，讲述健康、成功的领导者影响世界的故事。

⑦ 问题：

你如何为身边的人投下光明？你的性格和行为如何激发人们最好的一面？

你如何为身边的人布下黑暗？什么偏见、盲点和缺点使你毁掉别人，最终毁掉自己？

关键学习点：

十字路口和选择

罗伯特·弗罗斯特（Robert Frost）说得最好：人生路上几乎每天都会面临十字路口，我们必须做出选择。我们自然而然会选择一条已被磨平的路，但是我们可以尝试并探索新的道路。所有的道路都可以帮助个人成长和学习。事实上，有时候更平凡的选择反而拥有最大的影响力。我们当下的心情，对待他人和自己的态度，以及处理生活的方式往往影响我们的决定。要做出重大的选择往往是困难的，这会令我们感到痛苦，然而我们都知道，不做决定本身就是一个决定。

阅读了以上章节后，想想以下关于生活十字路口的问题：

* 你生活中的重大选择是什么？是什么促使你做出决定？

* 你对做出关键选择的体验是什么？尝试描述一个结果不太理想的选择。

* 你怎样才能帮助别人学会做出更好的选择？怎么接受他们所做的选择？

* 谁曾帮助你做出最好的决定？他们是如何影响你的？

* 你在生活中如何做出选择？有涉及其他因素吗？你是否只是安静地工作？

* 从你的选择中学习到了什么？是否对别人有帮助？

第十四章　如何帮助你的下属获得成功

——詹姆斯·贝拉斯科谈领导者的培育下属之道

詹姆斯·贝拉斯科（James Belasco）博士成功地让一家主流计算机软件和服务公司实现了10年的惊人增长和高利润。他还将特殊化妆品公司的收入增长到最高，在其所处行业实现了最大的市场份额。他是畅销书《教大象跳舞》（*Teaching the Elephant to Dance*）、《会飞的水牛》（*Flight of the Buffalo*）的作者，合著有《与凤凰翱翔》（*Soaring with the Phoenix*）、《把握明天，从今天开始》（*Seize Tomorrow, Start Today*）。

贝拉斯科博士是圣地亚哥州立大学管理发展中心的创始人，曾任职于纽约州立大学布法罗分校和康奈尔大学，拥有超过20年的经验，为新的管理结构和技术改造开辟了道路。

学习者的观点

我人生中最重要的一个学习经历发生在康奈尔大学。当时我是博士班的学生，担任劳资关系学院埃米尔·梅克西斯教授的助教。在梅克西斯教授的大班上，他通常会开两个为时一小时的讲座，然后助教负责接下来的小组讨论部分。

每个星期，梅克西斯教授的三个助教都会聚在一起，商量小组讨论部分的主题，我们每人确定一个主题，然后在班级上组织讨论。梅克西斯教授每个学期会观察两次我们的课程，然后和我们见面，反馈我们的表现。

我要说的是，梅克西斯教授是一位不同寻常的教授。他没有博士学位，他担任教授一职，也是以实习者，而不是研究人员的身份。但是，他是第一个在二战期间为美国无线电公司（RCA）提供在职培训理念和实践的人，并因其做出的努力和贡献获得了许多荣誉和奖项。作为一名实践者，他的声誉深深吸引着我。1963 年，我开始攻读博士学位，一心打算在毕业后投身工业界。我渴望从实践大师身上学习，这激励我成为梅克西斯教授的助教。我很高兴我被选中，并发誓会尽一切努力得到他的伟大建议。我知道，在他的课堂上表现优秀，对我实现目标至关重要。

梅克西斯教授提前两周告诉我，他有意要考察我的课程。我对他的提前告知感到感激，但心里仍然惴惴不安。我竭力想在教室里，和他一起成为一名出色的讲师。然而我从未学过，也没有任何正式的教学方法。我所知道的关于教学的一切，都是通过观察我的父亲、高中老师，或者18年来坐在教室里学到的，我几乎没有任何准备去追求卓越。我对自己的教学技巧产生了深深的怀疑和焦虑，整整两周几乎难以入眠。

我开启了平时的过度准备危机模式，制订了一份全面的课程计划。我"教"班上的学生在那个关键的"公开课"里该如何表现。我甚至模拟好问题和答案，好让梅克西斯教授坐在教室的15分钟里，我能够"表现"优秀。

在那个关键的一天，我比第一个走进教室的学生还要提前一个小时来到了教室，在黑板上写下了我的课程大纲、问题和关键点。课程进行得比我想象中要好。学生们提出了很棒的问题，也很好地回答了我的问题，而我的演讲恰到好处。下课后，梅克西斯教授走到我面前，握着我的手说："这是一次很棒的课程。我记下了一些笔记。下一次课程后，我们谈谈好吗？"离开教室时，我的心情简直飞上了九霄云外。

梅克西斯教授的下一次讲座后，我们几个助教来到他的办公室。当时我心里很确信，我会因为在课堂上的出色表现而获得更多的赞誉。然而他说："你的课程很棒，你是一位有天赋的讲师。你精力充沛，热情高涨，很有感染力。你能让学生投入并积极参与讨论。你是一位出色的老师。不过，你可以告诉我，你觉得你的学生都学到了些什么？"

他的问题让我瞬间如入冰窖。我疯狂地在脑海里寻找答案，我感到汗水不停地在我额头上流淌。"这个……"我停顿了一下，"我在黑板上列出了要点，并且不断重复，他们能学进去。"

教授接着问："你怎么知道他们学到了？"

我支支吾吾地回答："他们回答了我提出的问题。这是不是表明他们已经学到了？"

"你问的问题与他们真正学到，两者有关系吗？我从他们的答案中感觉到，他们早已经知晓答案，整个过程就好像排练过一样。我还是那个问题，你认为他们学到了些什么？"

我就像一个六岁的男孩把手伸进饼干罐子时被当场逮到一样，我不得不承认："我不知道。"

梅克西斯教授是一位善良温和的人。他察觉到我的尴尬，俯身向前，轻声问道："吉姆，你觉得为什么我每个星期要花50分钟和你讨论？"

"因为要学习。"我轻声回答。

"没错。"他说。接着,他根据我的要点和问题继续评价我的讲座,就好像在剖析停尸房里的尸体。在提及每一个要点的时候,他会问我想让学生学到什么,以及是否知道他们能否学会。我几乎不能确定地回答他的每一个问题。

最后,教授靠回椅子上说:"吉姆,在课堂上的50分钟,最重要的不是你做了些什么,而是你留下了些什么。你的教学不是重点,重点是学生们学到什么。而你知道他们学到什么的唯一办法就是,从他们的角度看待你的课程计划。"

梅克西斯教授的见解可以说照亮了我一生的道路。我可以举出一万亿个例子,说明从学习者的角度看待问题,这对我的行为产生了很大影响。例如,在任何一种管理情境下(所有管理情境都是一种学习情境),我首先从其他参与者的角度描述情况。然后,我可以确定如何才能最好地帮助他们更有效地做他们需要做的事情。

我也开始认识到教授另一个信息的力量。梅克西斯教授最为自己的毕业生感到自豪——那些与他一起工作过,然后留下来继续做更伟大的事情的人。"培养成功的毕业生。" 梅克西斯教授一再告诉我。35年前,我第一次听见这句话。而今天它成为我的口头禅。"詹姆斯·贝拉斯科管理学院"的毕业生是我最伟大的遗产。因为,正如梅克西斯教授刻在我脑海中

的话，我知道作为一名教师的价值取决于学生的表现。重要的
不是我做什么；重要的是我的学生做什么。我非常自豪能够成
为埃米尔·梅克西斯教授的学生之一。

⑦ **问题：**

你怎么才能最好地帮助你的学生获得成功？

你希望你的学生学到些什么？

你怎么知道他们是否学到了呢？

第十五章　做你擅长的那部分，
　　　　　其余的交给适合它的人

——保罗·赫塞谈如何利用自己的优势

保罗·赫塞（Paul Hersey）曾担任商业执行官、管理和组织行为学教授、部门主席、院长和大学校长。他是美国领导力研究中心、情境领导力之家董事会主席，杰出的领导力研究教授。他还是6个孩子的父亲，17个孩子的祖父，3个孩子的外祖父。

站在巨人的肩膀上

在亚利桑那大学读大一的时候，我决定主修商业艺术。我向来有一定的绘画天赋，商业艺术于我而言似乎是一个不错的选择。然而，我发现自己很难做别人希望做的事情，所以从事商业艺术的工作并不适合我。我很快认识到，能力不是获得成功的唯一因素，除了技能之外，你必须对自己的工作充满热情、动力和承诺。于是，我改变了职业生涯规划，并在塞顿霍尔大学获得了管理学位，一个全新的领域在我面前展开了。

　　我的教授从我的眼中看见了我的热情和渴望，他给了我机会，让我利用激情和天赋进行教学。当教授没有办法前来时，他让我负责了他的许多课程。当他前往芝加哥大学的工业关系中心工作时，他向我提供了一份研究助理的合同。在后来的日子里，我能够为学生提供新生时间表建议时，我鼓励他们不要在大学的前两年申报专业。相反，他们应该广泛地从充满激情的教授那里接受各种课程，无论是社会科学、英语还是历史。我的做法是帮助他们从外部动机转移为内在动机，例如："我父亲坚持认为我应该进入这个领域"，或者"会计师（或律师、医生等）在国内能赚大钱"。绝大多数学生会改变他们的专业，继续做他们想做的事情，而不是自己被迫做的事情。

　　结束在芝加哥大学的研究生工作时，我在工业关系中心工作了三年，并且成为一名项目总监。我真的很想成为一名大学教授，但是我强烈地感觉到，我不想用我的学术资历污染年轻人的思想；我希望有和学历匹配的实践经验。在阅读《财富》杂志的时候，我读到凯撒铝业将在西弗吉尼亚州的一个小镇建造世界上最大的铝生产工厂。我拨通了凯撒铝业的电话，向他们提供了我的服务。我被聘请为培训主任。这是一次非常宝贵的经历，因为我参与了创业运营和培训。我在那里待了三年，然后准备好迎接下一个新挑战。我面试了儿家今天称之为高科技的公司，在接下来的四年中，我在阿尔伯克基的桑迪亚公司工作，负责技术指导和管理培训。

现在我有了 10 年的实践经验，虽然面临经济困难，但我还是离开了工业界，找到了一份助理教授的职位，薪水只是我以前工作的四分之一。我 10 年前就做出了这个承诺，我对教学感到非常满意。能够丰富学生的学术生涯，甚至成为他们变革的催化剂，是一份殊荣。即使是现在，40 多年后，我仍然经常听到一些学生诉说他们的改变。这对他们来说，是非常有力量的影响。

20 世纪 50 年代我在凯撒铝业时，一件关于学习的大事发生在我身上。一天晚上，工作时间结束后，我正在输入一些培训的资料，正好负责人走进来看见了，他大发雷霆。他说："下一次我看见你当一个打字机的话，我就给你付秘书职位的钱。我们付钱让你来不是打字的。"他的话成为我的一个转折点，因为他使我意识到，应该做我擅长的事情，并且应该将其他任务分配给那些能做好它的人。从那时起，我就一直将这一经验应用到普遍的任务上，例如，修剪草坪或者聘请某人修理管道。

归根结底就是要利用自己的优势。

你可以通过帮助别人找到他们的伟大，借此更进一步。我认为每一个人心中都埋藏着一个伟大的火花，需要一个机会将其燃烧。我们都需要学习的一个最难的课程就是，获得别人的信任，并且尽可能地体现责任感。请注意，不要太早，但是我们可以帮助别人准备好承担责任。

我非常享受在学术界的职业生涯，但我只是接触到一小部分人群。我决定通过参与培训业务，聘请聪明有才华的年轻人与我一起工作，从而影响更多的人。于是，我开始了领导力研究中心的工作。通过中心和其他情境领导培训计划，我估计我们每年通过教科书，能接触到数百万人。

如果要我总结一下我对生活的感受，我会引用艾萨克·牛顿爵士的话："如果说我能看得比别人更远些，那是因为我站在巨人的肩膀上。"我曾经通过站在卡尔·罗杰斯、道格拉斯·麦克格雷戈和亚伯拉罕·马斯洛这样的巨人肩膀上，才能够看到更远的地平线。我唯一的希望是，我已经对这个年轻一代的布兰佳、戈德史密斯和其他人产生了影响。谁能要求比这更好？

在刘易斯·卡罗尔的《爱丽丝梦游仙境》中，爱丽丝来到了许多道路的交叉点，抬头看见柴郡猫在树上微笑。她问猫："我应该走哪条路？"它回答："你想去哪里？"爱丽丝回答说："我真的不知道。"猫回答说："那么任何一条路都可以。"

⑦ 问题：

这是你的生活，你知道自己想去的方向吗？如果知道，你会选择什么样的路？

第十六章 同理心让你获得更好的人际关系

——荷玛·巴拉密谈领导者的三个素养： 同理心、热情和专业

荷玛·巴拉密（Homa Bahrami）是国际知名的教育家、顾问和作家，专门从事知识型企业的组织弹性化和组织创新工作。她是全球商业和专业组织的研究员、董事会成员和执行教育家。巴拉密还是两本主要教科书的合著者：《管理心理学》（*Managerial Psychology*）（由芝加哥大学出版社出版）和《知识型企业的超灵活性》（*Super-Flexibility for Knowledge Enterprises*）（由 Springer 出版）。她是加州大学伯克利分校哈斯商学院的高级讲师和系主任，哈斯卓越教学中心的董事会成员，并且是斯坦福大学商学院的研究助理。

培养学习伙伴关系

我对学习的看法是由一系列经验塑造而成的，其中一些经历来自儿童时期，更多的还是来自最近的互动。作为一名教育者、顾问和研究人员，这些累积的经验逐渐融入我的教学和学习理念中。我没有可以称之为"改变一生"的大事，塑造我作为教师和一辈子学生的，是我的一系列个人经历。

教育的三个重要部分

我认为自己是一名教育工作者，无论我是否戴着教授、董事会成员、导师或顾问的"帽子"。我的理念基于三大基石。首先是同理心。我试图理解每个人的独特性，从不参与标准化的"一刀切"方法。第二块基石是能量和热情，或者可能被认为是对这个问题的兴趣或热情。简而言之，我不喜欢讲一些自己本身并不关心的主题作为教学内容。我将主题限制在我认为感兴趣和很重要的内容上。第三块基石是与主题相关的专业知识和持续学习的意愿。

同理心

同理心，或者说从他人的角度看待事情，这点很重要，它很大程度上源于我的童年和青少年经历。我是一个在英国长大并接受教育的伊朗人。在一个与我出生的国家有着不同文化的国家里成长，对我产生了很大影响。我参加的寄宿学校让我接触到了许多不同的文化。我的同学来自世界各地，我就像在一个小规模的联合国长大一样。

在青少年时代，我认识到了文化的不同，衡量事情的标准也天差地别。15 岁的时候，我受一位密友的邀请，去他在肯尼亚的家中过暑假。我永远也不会忘记，走进那所豪宅时，被一大群用人包围的感觉。我意识到，在非洲，仆人的数量是衡量非洲人财富和地位的标准。在英国，我观察到，衡量成功的标准，往往是你上学的地方、父母的职业以及你所属的社会经济群体。现在我已经在美国生活了很多年，我发现美国人是根据他们的行为、赚多少钱，以及他们的实际成就衡量成功的。

经过这些多元文化体验，我真正体会到，我们生而为人，是多么不同，但又多么相似。我们都重视认同感，渴望自尊，想要改善我们的环境，并以各种形式重视教育。然而，这些共同价值观以不同的方式实施。同理心给了我们一个多维的镜头，也给了我们一个机会，欣赏来自不同文化背景的人，努力以不同方式实现类似的共同目标。

在不同的国家，我有不同的教学方法，在此你可以看到我是如何运用同理心的例子。我在亚洲教书时，倾向于专注传达核心内容。因为在亚洲文化中，老师是学生想要学习和吸收知识的专家。这与我在美国找到的有效方法截然不同，在美国的教学方法中，老师更像是一名推动者。美国学生希望有机会讨论和分享自己的观点。在欧洲，我强调理论，因为追踪特定想法的起源会引起很多学生的兴趣。我尝试了解我的学生，以便可以选择一种最有效的方法。我的工作总是以同理心为基础。

能量和热情

"能量"和"热情"是我教学理念的第二大基石。提及能量和热情，我脑海中想起了两个经历。我是在英国读中学的时候意识到热情和能量的重要性。当时我对历史特别感兴趣，而在很多老师的课堂上，历史枯燥无味。但是有两个历史老师，用一种特别生动、真实的方式讲述历史主题，让我犹如身临其境。

有一次，我记得是在学第一次世界大战中的重大战役。我的老师让我真真切切地感受到了那些人遭受苦难的痛楚，以及整整一代年轻人的失落。历史成为一部"活的戏剧"。我坐在演讲的大厅，感觉自己是一个参与者，而不是学生。当老师充满激情和能量时，学生也会体验到他们的热情。正是这种激情使得学生一周又一周地投入并参与其中。

20世纪80年代初，我在斯坦福大学做博士后时，就遇到两位充满能量和激情的导师，对我的影响很大。哈尔·莱维特是一位杰出的教授，他的热情以浓烈的好奇心表现出来。他总是提出刺耳的问题，对我说的话颇感兴趣。他几乎是以一种童心未泯的好奇心探讨我的问题。我现在尝试在自己的工作中效仿他。

杰出的经济学家李·巴赫对他的主题内容，表现出了引人注目的兴趣和激情。我有机会作为研究助理与他一起工作，目睹了他对寻找多种答案、试图揭示不同观点的浓厚兴趣。他不会满意单一的答案，会通过提出更多的问题深入探究。

我认为自己是一个永久的学习者。无论我是站在讲台前面还是作为一名教导行政人员，我都会尝试在离开每一场会议或课程时，带走一个新想法、一个有趣的见解，或一个说明性的例子。我不断地更新我的教材，用新的发现和见解升级它。哈尔·莱维特教授和李·巴赫教授激励我成为渴望知识，永远不会自我满足，并始终接受新的可能性的老师。

专业知识

专业知识包括了解自己的局限性，在没有足够的知识时不要冒充专家。第三块基石是从我在硅谷和企业家一起工作时演变而来的。我观察到，在知识型企业，人们有一种快速看透事情的方法。一位初级软件程序员问他的老板一个问题，老板给出了一个模棱两可的答案。程序员认为老板并不具备专业知识，这位老板立刻失去了他的信誉。

推动安排执行会议帮助我了解到主题专业知识的重要性，以及知道何时应用该专业知识，何时听取他人意见，何时承认自己没有任何答案。当执行团队聚在一起制定战略时，他们会深入挖掘并从各个角度审视每一个话题。推动者必须在最深的层面上增加价值。了解最新的流行语并不能帮助专业人士增加知识，应对那些需要帮助，要求苛刻的客户。

当我在准备一个会议时，我会假设将和客户一样从中学习。我知道，如果我们走出会议室时，共同创造了一些东西，那么这个会议就是成功的。我很少考虑大师的方法。我认为自己是一名"助产士"，帮助他人生出想法。大师的模型在今天是无关紧要的。它已被对等学习所取代，在这种学习中，教师和学生是建立学习伙伴关系的同事。

反馈对于这种模式的成功至关重要。我发现，在教授我的MBA课程时，经常性的临时反馈是非常宝贵的。如果只能从我的角度看待事情，那么我作为一名教师的效力就会受到限制。如果我定期征求反馈意见，那么我可以进行中途修正。寻求反馈是将我的三个教学理念整合起来的关键步骤。我需要明白我的学生有自己独有的生活经验。在询问他们的意见，我给予他们尊重，表明我们是学习伙伴关系。最后，我必须展示自己的专业知识和热情，让他们参与进来。

最终，我们必须深入研究自己，并回答以下难题：我们的真实身份，我们的价值观和优先事项以及我们愿意做出的让步。你不能教别人，除非你知道你是谁，是什么让你孜孜不倦去追求。

(?) **问题：**

最适合你的教学方式是什么？是什么使你孜孜不倦去追求？
你发现在教学中，什么样的风格是有效果的？

关键学习点：

引导、学习和教学

很有意思，最好的老师永远是那些永不停止学习的老师（这组故事的基本前提之一）。最难的地方在于，是否做到了教和学之间的切换，以及如何切换。如何获得洞察力，了解两种机会出现的时机？帕克·帕尔默（Parker Palmer）在《教学勇气》（*The Courage to Teach*）中说道："在我的每一堂课上，我与学生联系，以及让他们与课堂主题联系的能力，更多地取决于我了解和信任自己的程度，以及提供学习服务的意愿，而不是我使用的方法。"

阅读了前面的章节后，想想以下问题，检查你是否具有"专家"的能力：

及时反思你的教学，想想你学到了些什么？你加强了什么知识？你发现了什么新的知识或能力？

你用来教别人的环境有哪些？现在，你的生活中有什么机会可以通过教导他人来学习？

你从事教授他人的重要学习经历是什么？

第十七章　高情商的人懂得去感受和对方的相似之处

——纳撒尼尔·布兰登教你如何培养高情商共情力

纳撒尼尔·布兰登（Nathaniel Branden）拥有博士学位以及心理学和哲学背景，是一位执业心理治疗师和商业顾问，撰写过许多书，其中包括《自尊的六大支柱》（*The Six Pillars of Self-Esteem*）和《工作中的自尊心》（*Self-Esteem at Work*）。后者涉及在信息经济中，企业组织所面临挑战的特殊兴趣。

深入自己，了解他人

任何从事心理治疗实践的人都知道，无论对于治疗师还是客户来说，心理治疗都是一种学习体验。大约40年前，我开了一个治疗小组，其中有一个男人，比我小几岁，我很难和他

产生联系。我很少遇到如此被动的人。他似乎拥有一种我只能
称之"软塌塌"的灵魂。

他会定期准时出席小组会议，如果你问他，他会回答问题，
但他很少主动发起任何事情。而我，无论如何，也没有办法燃
起他心中的火花，这是每一个治疗师都必须做到的事情，例如
有人想要活下去，想要快乐，想要做更多的事情，而不是躺下
投降，被痛苦折磨。

偶尔，他会要求解决他的问题，但是我们根本不觉得会有
任何效果。有时候我们认为的有成效会议，但是到了下一周就
好像从未发生过一样：他显然什么也没有思考，什么也没有留
下。我认为他是被动的化身，"宇宙的流浪者"——伤感、少
言寡语、无助、无精打采。几个星期过去了，几个月过去了，
我越来越沮丧。

对我来说，让每一位客户都能享受到完全尊重的体验，是
非常重要的。但有一天，我和他在一起的时候，我失去了这种
感受——我愤怒了，说了一些我以前从来没有对客户说过的话，
当然我发誓以后也不会。我大致是这么说的："我要告诉你，
我现在的感受，我感觉自己讨厌现在的职位，讨厌现在的工作。
我觉得自己很无能，我们的谈话是徒劳的，我知道对你做的所
有工作都是不值得的。"

　　当然，虽然我把自己局限在"我"的陈述中，避免了"你"的陈述，但是我说的话也足够具有破坏性。那天晚上，我告诉妻子这件事，我被自己所做的事吓到了，它违背了我的信念。我做这件事完全没有品格。我是怎么了？

　　我没有办法不去想这件事，几天后，我和一对夫妇共进晚餐，他们都在资料室工作。我描述了发生在我身上的事情，我对自己的行为感到震惊。哈尔·斯通对我说："我可以说一个心理解释吗？"当然，我请他继续。

　　他说："我不认为你在认识和拥有你大部分情绪方面有困难，例如恐惧、愤怒、欲望或其他。但是我怀疑你有一种情绪是你永远不会承认的，即使它产生了。然而，我们所有人，仅仅因为我们是人，偶尔都会有这种情绪。我说的是消极的无助感。我猜一部分的你会有这种感觉，而你否认了这点，将它从你身体中遗弃了，所以你对它视而不见。然后，这位客户，将你遗弃的一部分带了回来。我想这就是你为什么会有这种反应的原因。"

　　我立即觉得他所说的是真的。

　　接下来的一周，我向大家讲述了我的启示。我向我的客户道歉，说："如果我不能承认和接受我拥有与你相似的一部分，如果连我自己都拒绝承认，那么我就不能有效地和你合作。"

我的客户似乎一下子恢复了活力。他觉得被理解，被接受了。在此之后，我们的治疗开始取得进展。我从这次经历中学到的是，否认和拒绝自我的一部分，都会限制我与他人的有效合作。

今天，除了执业心理治疗外，我还做企业咨询，同样的原则也适用于这种情况。例如，我正在与一位拒绝必要变革的CEO或执行官一起工作，如果我能够理解自己有时候也会抵制必要的变革，那么我和他们的沟通将更加有效。假设我指导的是一位无法在团队里好好合作的优秀工程师，如果我能够理解自己有时候也会像独行侠一样，那么我和他的沟通也会更有效。假设我指导的是一位觉得管理技术比管理人更舒适的经理，如果我能够理解自己有时候也会对人感到不耐烦，那么我和他的沟通也会更有效。

假如我更能感同身受，我的工作会更有成效。我会让人感受到心理上的受待见感，感到可以被理解，对方会更乐于接受新的学习，更愿意尝试新的运营方式。

自我意识是情商和人际能力的基础。

❓ 问题：

你知道有人能激怒你，挫败你，使你感到困惑吗？关于这个人，为什么能使你做出这种反应？

你能同情这个人吗？你能在这个人身上看到你过去或现在的影子吗？

想想你为了接受"完整"的自己而使用的一些策略（有意或无意），这些策略会对这个人有帮助吗？

第十八章　你需要大胆说出自己的想法

——伊丽莎白·平肖教你学会表达自我主张

伊丽莎白·平肖（Elizabeth Pinchot）是一名有40年资历的社会企业家，同时还是一名顾问和作家。在过去的10年时间里，她联合创办了斑布里奇研究所（BGI），如今仍与企业公司共事可持续发展和承担社会责任的创新MBA项目。在创立BGI之前，她曾担任平肖公司（Pinchot & Company）的主席，带领和培养了美国森林管理局、加拿大国家铁路局和纽约证券交易所在内的各机构复合型高级管理人才。此外，她还联合创办和经营几个小企业和学术项目，以及试验生物动力农业。她与丈夫吉福德·平肖（Gifford Pinchot），以及来自赛布鲁克大学的一名研究共享行为的博士生合著《智慧型组织》（*The Intelligent Organization*）。

有时候，你需要一个手肘撞醒你

在礼堂上，出版《小的是美好的》（*Small Is Beautiful*）后声名鹊起的 E.F. 舒马赫（E. F. Schumacher）发表演讲前，玛格丽特在我的身边坐了下来。才几分钟，她就已经进入梦乡。她的个子小小的，身材发福，裹着一件海蓝色的大衣，严严实实盖住整个人，只有头顶露出灰色的短发昭示着有个人坐在那里。她当时已经是在生命最后阶段。

我认出了玛格丽特·米德（Margaret Mead）。20 世纪 70 年代，她在韦斯特切斯特联合创建了一个讨论会。作为与会者，我从未遇到过她本人，只是别人指出在礼堂另一边的她才认出。与她距离如此贴近让我很激动，但不久我的注意力就转到了舒马赫身上。舒马赫言辞犀利，但斯文温和而不失幽默和智慧。他认可我个人经营小企业和生物动力栽植法的经验重要性，陈述的观点都有理有据。在提问环节，玛格丽特还在睡，我却逐渐被一个穿着古驰牛仔裤，脚踏高跟鞋的高贵女人愚蠢的驳斥激怒了。她表现得像权威官方人士般侃侃而谈，用所谓理性的尖锐声音嘲笑着生态农业和地方化行动是"行不通"和"天真"的想法。

我想跟她对峙，却不敢。你得这样想：这是我驻扎生态农业试验农场的第五年，比起意大利的时尚，我全身更像印度农民装束。而且我们身在俯视休斯敦河畔的，前身是高贵华丽的玛丽·比德尔公爵城堡的塔里敦会议中心，我觉得自己与这群真正意义上的成人格格不入。我不敢在公众面前讲话。

那个女人还在与舒马赫针锋相对，玛格丽特仍在沉睡。我猜想，自己后来一定是气过了头，愤愤不平咕哝出声了，因为一只胳膊肘忽然从我身旁那件深色大衣裹着的一团里伸了出来，狠狠地捅到了我的肋骨上。

玛格丽特在我耳边嘶声说："站起来，说出你的想法。"

我站了起来。我别无选择，只能尽可能清楚地阐述自己，尽量做到最好。但一切就不一样了。

我想要永远记住那只捅到我肋骨上的胳膊肘。到今天也如旧。

? 问题：

你认为什么东西重要到你觉得为难也想要为它辩护？

培养什么样的品质才能够谈论自己的激情？

怎样才能向那些跟你不同的人传达你的观点？

当你说出世界需要知道的真相时，什么东西可以充当那只捅到肋骨上的胳膊肘？

第十九章　即使身份单薄，也要有勇气改变世界

——南茜·J.阿德勒博士谈女性领导力

南茜·J.阿德勒博士（Nancy J. Adler），是加拿大蒙特利尔麦吉尔大学商学院布朗夫曼（S.Bronfman）现任主席，致力于研究全球战略、领导能力和跨文化管理。她曾发表 100 多篇文章，出版 8 本书，并拍摄电影《便携生活》（*A portable life*）及《重新发掘我们的传承》（*Reinventing Our Legacy*）。南茜还为私人公司和政府项目提供非洲、亚洲、欧洲、南北美洲和中东的咨询信息。她被授予许多奖项，其中包括加拿大最高的大学教育奖，美国培训与发展协会（ASTD）国际领导能力奖和赛捷（Sage）管理调研奖，并就职于加拿大皇家学会，是管理学学会和国际商务学会的院士。此外，阿德勒还是一名视觉艺术家，是班夫中心的常驻艺术家。她的最新展览主题是

"关于现实的翻译：脱水的管理语言之外"（Reality
in Translation: Going Beyond the Dehydrated Language of
Management）。她 的 电 话 是（514）398-4031，邮 件
地址是 nancy.adler@mcgill.ca。

向前一步的勇气

或许是命运眷顾，或许是上天注定，当我的同事那天下午
拿着一篇新闻报道走进我的办公室时，我有了一次非常精彩的
学习经历。那份报道最后对我的生活产生了重要影响。

故事是这样的：我获得了在萨尔斯堡全球论坛上发表开幕
主旨演讲的邀请。我对这场会议很感兴趣，因为这是萨尔斯堡
论坛建立 50 年来第一次关注全球女性领导人。鲜少了解我的
人都知道我对全球领导权及全球女性领导人很感兴趣，然而因
为有别的要事在身，也不确定自己是否有足够时间准备自己最
想要的演讲，最初我没有给论坛组织者明确回应。

这之后不久，一天我在蒙特利尔的办公室上班时，一个同
事来到我的办公室，对我说："南茜，我的妈妈是《芝加哥论
坛报》的商业报道记者，她刚给我发了一篇肯尼亚第一位竞任

总统的女性——夏丽蒂·恩吉卢的报道。她觉得你可能会想读一读。"报道开篇，我就完全被震撼到了。没有谁的故事比夏丽蒂更适合用女性领导人的案例分析，更能彰显跻身国家元首之列所需的巨大勇气和强大力量。即便是把我目前研究过的曾担任总统或者首相的47位女性（如今是89位）全部罗列出来参考，都不会比夏丽蒂更让人心潮澎湃和由衷叹服。

我的另一位同事后来说，这是命运的安排，而我自身的成长经历教会我的却是不要相信这些巧合。原因？很简单。我的母亲来自维也纳，在希特勒入侵奥地利后离开了欧洲。她的家族都持有这样的态度：要让你生命中那些重要的事都是正面的；它们不是偶然事件。

直到前一年夏天，我都没有这种"共时"的概念，即积极事情的发生是偶然的。我的一位艺术家朋友颇不赞同，要我留心一周里每天都发生在我身上的三件正面的事。好消息是，几天后我的确找到了一直在身边的正面事情；坏消息是，我还没明白一连串的积极事情——或者"共时"——跟我的职业生涯有什么关联。

读完了《芝加哥论坛报》那篇文章，我文思泉涌，演讲稿轻轻松松就从指尖流到了我的电脑上。与过往典型的写稿方式不同，没有精雕细琢斟酌词句，没有调查充分的数据，而就这么信手拈来。讲述的是夏丽蒂·恩吉卢，却是用我的声音，和世界其他成功引领了他们国家女性的声音。写完了演讲稿，我才花了一天时间查证夏丽蒂的故事。毕竟，作为教授，严谨秉性不是那么轻易改变的。

我飞到奥地利参加了萨尔斯堡论坛的开幕式。当天晚上，当我走上领奖台发表主旨演讲，那些话语从我的口中自然说出，跟几周前从我的手指间流淌出来一样顺畅。尽管经常发表演说，但当在大型国际会议场合发表重要讲话，我通常还是会感到少许紧张。这一次我却完全没有。我出乎意料地感到平静与镇定，甚至连发言稿都没有看。

演说结束后，一名来自加纳的女议员站了起来，告诉观众夏丽蒂是她的朋友，我的演讲意义很重大。在那一瞬间，夏丽蒂变得更加鲜活，似乎她就在当场，就在聆听。

第二天，乌干达议会的一名议员找到我，跟我表达歉意，解释没能参加论坛开幕式，是因为她在与夏丽蒂一起用晚餐。她郑重地解释，能帮到像夏丽蒂这样想要改变世界的领导人，就是增加她们的全球曝光度，借以增加想要湮没她们的声音，甚至伤害她们的难度。这点非常重要。曝光度会让夏丽蒂继续勇敢拼搏。这名议员讲了昨晚那位乌干达女议员同样的话："南茜，你的演讲意义非常重大。你给了夏丽蒂更高的曝光度，世界都关注到了。"曝光度让勇气不容易消失。

这次经历不觉间就有了高于生活的意味。虽然很多人常常称赞我的演说能力,这次我却觉得我是化作了通道,把夏丽蒂的故事讲述给所有人听,而更重要的是,传达了故事的意义。诚然,我挖掘到了这些,但我不是故事的创作人——我只是讲述者。

这个不是我的故事,是夏丽蒂·恩吉卢的。但从更深层次讲,也不是夏丽蒂的,而是关于有勇气改变世界,有勇气发声的故事。

相信直觉,跟随本能的指引,让我成了故事的传递者,而不仅仅是单纯的创造者,对我而言是全新的体验。我对自己的学术能力和咨询经历都有信心。我研究学习,也曾给我的学生、经理、行政和各企业组织授课。但这种凭借直觉的创造方式与以往不同。是天意安排,还是巧合?我并不是说自己已经彻底明白,但我对其可能性抱有更加开放的态度。

? **问题:**

我们怎么辨别高于个人经验的智慧?

没有依据之前,我们如何相信直觉?

怎样才能突破地区的观众局限，向全球社区发声？

怎样才能发挥自己的最大才能？

如何鼓励我们自身及同事谈论我们这一代最重要的话题？

备注：阿德勒的萨尔斯堡主旨演讲《你听到了吗？夏丽蒂眼中的全球领导能力》被收录到 1998 年 7 月出版的《管理探究杂志》（*JMI*）中。

第二十章　领导者需要理解员工的需求，尊重并引导他们做出改变

——斯特拉福德·舍曼谈转型升级与自我改变

斯特拉福德·舍曼（Stratford Sherman）在领导能力、竞争回应和大规模组织重构方面有着国际声誉和公认的权威。他曾担任《财富》杂志编辑 20 年，并凭借出色的演讲能力，独自创立了一套企业咨询和高级管理培训的操作方法。舍曼还和诺尔·蒂奇（Noel Tichy）一起写了畅销书《掌握命运：通用电气的改革历程》（*Jack Welch's transformation of General Electric*）、《掌控自己的命运，否则别人会取而代之》（*Control Your Own Destiny or Somone Else Will*），并参与新书《无疆界领导》（*Leading Beyond the Walls*）的撰写。他是彼得·德鲁克基金会非营利管理的全国咨询委员会成员，同时是 Lalibreria 的主席和联合创始人。

　　现在回首人生，我觉得唯一一次经历最激烈的催化剂式成长，是决定向我现在的妻子玛莉提丝求婚的那次。当时我们已经交往三年，其间分分合合，走得磕磕绊绊。我将问题归结为玛莉提丝的情绪波动大，从来没思考过是自己害怕承诺。最后，为了想清楚是要和她在一起还是永远放弃这段感情，我决定两人应该分开一段时间。分开的几个月时间里，我进行了非常艰难的自我检视。渐渐地，最根本的问题浮现了：玛莉提丝需要我改变，而这几乎不可能。

　　在自我寻思的这段时间里，我开始回溯自己的生活方式，特别是探究我抵触改变的原因。我的父亲是纳粹大屠杀的幸存者，他认为内心强大很重要。从小他就教育我，要成为真正的男人和强大的人，就要坚定不移，就像惊涛骇浪中寸步不移的磐石，任凭水流咆哮也不退后。这样的生活方式让我颇有成就感，给了我坚毅的人格和与远在自己之上的力量对抗的气魄。作为一家主流商业杂志的记者，我常常要与大公司的首席执行官等一些让像我这样的年轻人望而却步的角色斗智斗勇。感谢有父亲的教诲，让我能轻松应对他们。

　　然而，这种独立的人格却在婚姻上犯了难，似乎引起了巨大，甚至是无法接受的风险。毕竟，我了解自己，如果玛莉提丝没有办法配合我，结果只能是灾难。我觉得我的担忧不无道理，毕竟我的父母离异，身边也有太多婚姻失败痛苦收场的例子。与玛莉提丝"不纯粹"的爱慕关系也让我犹疑却步。我可以很快爱上她的某些特质，却拒绝面对我感到不自在的其他部分。

　　当意识到我的爱慕是如此孩子气后，我又想到，我们面对的主要问题其实跟玛莉提丝毫无关系，是我自己的恐惧筑起了改变的鸿沟。我把自己能想象到的关于玛莉提丝的所有缺点列了一张长长的清单，重点标注出不能忍受的缺点和一切可能导致离婚的潜在源头。可在最后，我清楚意识到的却是自己完完全全爱上了玛莉提丝，那些缺点显得不值一提。

　　这时，真正的问题来了：我不想让玛莉提丝这样美好的人栽在我这样糟糕的人手里。停下批评她后，我不得不承认：她说我需要改变是对的，她对我的行为提出的每个意见都值得考虑。最后，问题变得清晰了：不管是要与玛莉提丝在一起，还是即便离开她也能快乐地生活，我需要将自己从这种天长日久固执保留着缺点和逃避问题的状态中解放出来。这也是我生命中第一次意识到，我真的想要改变。我对这位如此美好的女性的爱慕，和想要挽留她的澎湃的渴望，终于逼着我向旧观念发起了冲锋，不再相信一成不变才是强大的表现。我觉得自己似乎需要将自我的基地全部炸毁——我也的确这么做了。

这一天终于来了。我约玛莉提丝出来，与她共进晚餐，并自认为是风度翩翩地向她求婚。玛莉提丝并没有答应。噫！我好不容易鼓足了勇气，颤抖着伸出了手，她却毫不留情转身离去，留下我一个人。

经过几周检验我的诚意后，终于，她激动地接受了我的求婚。我们现在已经结婚多年，有了两个天使一样的孩子。我们分享所有的世俗苦痛和快乐。在一起，我们体会到了彼此都意想不到的幸福。

总而言之，我真正长大成人是从决定要改变开始的。我看待世界的方式发生了深刻变化。自那以后，我明白了，人格的强大取决于能否根据需要随时应变的能力。

不仅是个人生活，我的职业生涯也盛开了。我还是个小男孩的时候，跟很多婴儿潮时代出生的人一样，都被改变这个观念深深吸引住了。在自己开始改变的时候，我提供的咨询才开始产生价值，而且随着时间增值。几年前，我协助杰克·韦尔奇写了一本关于通用电气转型的书。那段经历让我对组织机构转型产生兴趣，并以演讲者、顾问和培训人员的角色参与其中。

随着时间的推移，我更倾向于关注大规模企业组织与最基层的个人员工的互动，及通过改变他们进行组织架构升级的方式。个人生活汲取的经验对我解决这个问题很有帮助，不是理论，而是现实借鉴。

今天，我努力帮助领导者理解和尊重被要求改变的职员。我坚信，组织转型不仅仅是领导者的英明领导，也是个体自发行动的共同结果。员工需要理解并独立决定自身是否需要改变。如果没有许多这样的个体共同承诺改变，要谈转型升级就突破不了机械重组的狭隘定义。这就是为什么我认为领导者要理解员工的需要，理解他们的信念，理解他们的感受。不管是工作，还是婚姻，自发自愿践行承诺都是成功之匙。这点至关重要。

? 问题：

你绝对践行到底的是什么？

在生活中，当必须要改变时，你的意愿有多强烈？

你的改变是否勉强而为，浮在表面？还是已经足够深刻，让你感到更加轻松自在？

在与他人相处时，是否有照顾他人感受，让其自由选择不受干预？

第二十一章　学会提问比给出答案重要得多

——杰伊·加尔布雷斯教你多角度看问题

杰伊·加尔布雷斯（Jay Galbraith）是在国际上享有声望的全球组织设计专家，同时是加尔布雷斯管理咨询公司的创始人。他曾担任麻省理工学院斯隆管理学院和宾夕法尼亚大学沃顿商学院的教授，同时是南加州大学高效组织中心的附属调研科学家和瑞士洛桑国际管理学院的荣誉退休教授。加尔布雷斯发表出版了许多文章和书，最新出版的是《如何驾驭矩形组织》（*Designing Matrix Organizations that Actually Work*）（乔西·巴斯出版社，2008）。

学习带着问题生活

没有哪件事对我产生的影响比我的老师重大，一位真正影响了我思考和提问方式的老师。我读工程学校，成了化学工程师，然而不满意，又读了研究生，接触了大众学科，例如经济学、统计学、运筹学、电子计算机和管理等，当然也有冷门学科。我选修了詹姆斯·D.汤普森教授（James D. Thompson）的课。汤普森教授当时正在写《行动中的组织》（*Organizations in Action*）一书，这本书后来成为组织理论界最重要的著作之一。每个礼拜上课，他都会和我们分享该书新的章节，和同学们一起讨论心得。

我的大部分教授都是推销自己学科的人。其中有一位教斯金纳（Skinner）强化理论的教授认为，这个理论不仅是理解强化的最好方式，而且是唯一的方式。汤普森教授不一样。他看重的不是得出答案，而是问题本身。跟其他教授不一样，汤普森教授基本不怎么回答我的提问。相反，他会在清楚分析问题以后，继续探讨两到三个可以接受的答案。让我充分明白问题本身，比给出答案要重要得多。这种方式改变了我的世界观。

我受到了启发，认识到纯技术性和一一对应的答案已经不能让人满足。这不仅仅是现在这个世界普遍存在的问题，而且和更多人性层面相关。如今，处理案子的时候，我都努力综合多个角度分析，然后整合成有助于解决问题的一系列建议。我不对一个问题做单一的回答。

现在，我都喜欢待在边上，反思自己深信不疑的想法和信念。我喜欢研究复杂的事情，因而常常与客户产生争执，因为他们通常想要事情简单化。有时候，简单化有诱惑力——但也不过是诱惑而已。复杂化可能令人生畏，但理解了问题的本质，就可以创建一个模型，成功解决棘手的问题。

我还学会了不着急解决每一个我在调查和咨询时发现的问题。在做顾问时，与客户谈话过程中，我很惊讶地发现，他们的观点都非常片面，通常只看到他们所在的组织部分。在整合几次谈话后，通常我对整个公司有了全局了解。这个过程总是让我想起三个盲人的故事，每个人都只知道自己摸到的部分。我以前也常常以为，自己看到的是整只大象。

⁇ **问题：**

你在制订计划时有没有多个借鉴参考的角度？

你是否经常反思自己的视角，并试图转换角度看待问题？

第二十二章　对自己要做的事尽量做到自主高效

——罗伯特· W.伊钦格谈依赖型人格为什么靠不住

罗伯特· W.伊钦格（Robert W. Eichinger）有长达 45 年的企业培训、咨询和工作的经验，目前在经营自己的 Lominger 股份有限公司，开发领导能力产品和出版。伊钦格常常做客各公司、协会和专业小组发表讲话，或担任研讨会会长。他合作发表了一系列有关行政发展的文章。他是创新领导能力中心的辅助人员，合作设计了一整套管理和开发高层管理的工具——领导能力专家（Leadership Architect），如今有全球 500 多家公司使用。现在，不再活跃于咨询后，伊钦格一边经营自己的公司，一边继续为其设计新的开发领导能力产品。

真正的学习通常是缓慢的

不知道为何，我从小到大都有专业批评家的特质。我擅长寻找其他人项目里的差错，擅长戳破他们的气球。事实上，至今也是如此。我在大学还有过几场跟指导员的经典对峙。我猜，大概是我认为只要让别人的头低下一点，我的头就可以抬高一点。我聪明机智，犀利傲慢。但这不是说我的批评都是毫无道理的，只是批评的话自己就源源不断冒出来，而且语出惊人。

第一份工作让我认识了自我。研究生毕业后，我直接就被休斯敦的一家咨询公司雇用了。热血沸腾，满腹经纶，我已经准备好了要大展拳脚，改变世界。然而六个月后，我的老板——后来成为我重要的精神导师——让我进行工作反馈。"罗伯特，"他说，"毫无疑问你是天之骄子，终有一天你会成为一名优秀的顾问。但现在，请你把你对公司其他顾问的批评埋在肚子里。坦白说，你还没有赢得我们的信任。你还没有任何成绩，所以没有权利去批评他人。从你来这里，已经提出了不少于 10 个好主意。选一个，开始干，达成它，这样我们可能才会对你对别人的批评感兴趣。同时，闭嘴，做点事情。顺带一提，如果你做不出什么，你在这里会待不久。"

我需要学习的原则？批评他人必须自己愿意先站出来接受批评。后来，我选了一个主意，并取得了成功。我批评他人的次数减少了，并在这家公司待了八年。有趣的是，我觉得批评他人的冲动减少了。

九年后，我成了一家500强公司的管理层开发部门的主管。一天，我的上司把我叫进办公室说："董事长想给公司找一个领导架构模型。去找一个。"这是我第一次真正跟主席接触的机会！我顿时激动不已。

我认真做了功课：我翻阅了所有相关文献，设定了标准，出席了一场关于领导能力的会议。之后，我选择了当时可以找到的10个顶尖的领导架构模型，制作了一场内容异常丰富的展示。每种模型我都有幻灯片（一共45张！）辅助说明。方法，作者，结论？所有内容我都胸有成竹。我还有一组总结这10种模型的共同点和不同点的幻灯片，熟知每一种优劣点。在排练时，我不禁想："这个做得真是太好了。"我的教授都会感到骄傲。万事俱备。

我的上司是撒手不管的类型，他对我准备的内容并没有多加审查。展示给董事长的前一晚，我睡不着觉。展示当天，在董事长的会议室里，我先开始做简短介绍，从科特模型开始，接着是本尼斯的。当我即将要讲到巴斯模型时，董事长打断了我："鲍勃，你剩下的介绍是不是都是这样？你到底要不要跟我说说你对这个公司的领导架构是怎么想的？"

我僵住了。我求助地看着我的上司，然而没有得到回应。我回答说，我已经读了所有文献，现在展示的是整理成果，这样他（董事长）就可以从中决定他想选哪个。董事长说："我找一份文献报告的成本，要远远低于我现在付给你的薪水。我想要你的推荐，而对你怎么准备的过程不感兴趣。你如果想要继续在这里工作，下周三三点前重新准备好。"说完，他站起来离开了会议室。整个过程才用了九分钟。我的上司直截了当地说："这个局开得不是很好。"我心想，这话说得太留余地了。接着他又说："是时候迎难而上了，要么就放弃。下周三见。"

我重新开始准备。这次我跟许多组织领导人谈了话，询问了他们对成功的要素的看法；跟战略计划部门的主管见了面，了解了她对未来组织变迁的看法；和上司探讨了他的想法。然后我再回归资料寻找模型。

整合所有新信息后，我提出了11种要素，或者是"能力"。我给每个要素下了明确定义，分析各个要素的重要性，做好了准备。星期三到了，这次我只有15张幻灯片：两张引入介绍，

11 张逐一分析 11 个要素，一张阐明我提议的可行性，以及最后一张总结。董事长更改了其中一个要素后，说："做得好，就用这个模型。"我们也照做了。这个模型用了 11 年。我学到的原则是什么？做一个增加价值的人。鹦鹉学舌，即使听起来再有模有样，在真实世界里也毫无价值。

八年后，我有了一个事必躬亲的上司，想看到我所有的工作。他是一名非常优秀的组织机构的"政治家"，会改进我们的工作，添加价值。这意味着，有他把关，我和其他员工很少会在工作中出差错。他和我一起设计了第一份覆盖整个企业的员工问卷调查。我的任务是整合调查问卷。我读了文献，设定了基准，询问了问卷调查的供应商，采访八名经理了解他们需要的信息后，就拟定了一份问卷。

紧接着危机出现了：我的上司要离职了。我们办了欢送派对，友好道别。还有两周调查就要开始，新上司才刚上任。我安排了时间跟她见面，告诉她我需要她的反馈，通过后即可打印。她说："如果我需要再审校问卷，那我不需要你。如果你连一份可以增加价值又可行的问卷都设计不出来，我会找另一个人。"这话里的信息已经非常清楚了。

我回去独自审校了问卷。毫无疑问，我太过依赖之前的上司，因为我知道他会找出所有的行政敏感错误。之前，我把一些自己感兴趣但知道前上司一定会质疑和移除的问题放了进去，现在我把大部分都剔除了。我让两名同事帮忙查看，做了一些调整，之后就投放了问卷。调查很成功，至今仍被使用，而且每年都会增添一些新的内容。这次我学会的原则是什么？站起来，发挥自己的作用；尽可能做到自主高效；第一次就做全。

领会这些教训前后持续了八年——太久了，我认为，而且经历三次震动才深入我的内心。但我是一个学习很慢的人，而这些教训现在也深深刻进了我的脑海里：

1.给所有做的事情都增添价值；

2.对自己要做的事尽量做到自主高效；

3.对关键问题要形成自己的看法。站起来，发挥作用！

4.尽量少批评。

⑦ **问题：**

添加价值是什么意思？

怎样才能做到对一件事情形成自己的看法？

为什么少批评很重要？

第二十三章　有感染力的影响才是杰出的领导者

——维贾伊·戈文达拉扬谈领导者的感染力

维贾伊·戈文达拉扬（Vijay Govindarajan）是塔克商学院国际商务学院的教授，同时也是塔克商学院全球领导能力中心的建会指导。他也是"全球领导力2020"的联合教员，该项目属于塔克商学院开立的全球管理教育项目，在三个大洲都有分教点。维贾伊·戈文达拉扬发表了许多文章，写了六本书，其中包括与阿尼尔·古普塔（Anil K. Gupta）合著的《称雄全球之路》（乔西·巴斯出版社，2001）。他还是知名的主讲嘉宾，曾在商业周刊 CEO 论坛和经济家会议亮相。最近，戈文达拉扬与萨布罗托·巴格奇发现《财富》500 强公司的一项重要特质"感情基建"，并联合发表研究文章《感情相连的组织机构：为什么感情基建很重要？领导者如何构建？》。

有感染力的影响才是杰出的老师

回想起对我的生活有深远影响的事情，有两件是很突出的。尽管有一件是正面的，另一件事是负面的，但两件事情同样都塑造了我和我的教师生涯。我会从"消极"的经历谈起。虽然这次经历是后来发生的，但通过这次经历，我才能够从此前的经历中反复思考、感激和学习。

20岁的时候，刚从大学毕业，我就成了被印度前5名公司直接聘用的12人之一。我还获邀参加了一项在全国有成千上万申请人的高管培训项目。我的生活已经被规划好了，所要做的就是坐下，按着规划好的路往前走。

接下来三年多的时间，我都参与这个曝光度极高的项目，接触从市场营销到制造业到金融的各个企业组织各个部门。在第三年快要结束的时候，我开始意识到，我讨厌我正在做的事。我必须按部就班在一个框架内做事情，不能与规范有任何偏差。缺少自由，没有弹性，我感到要窒息了。在最初得到这个职位时，每个人，包括我自己，都觉得像挖到了金矿。而现在，笼罩在稳定生活上的光圈正在飞速暗淡下去。

我很清楚，虽然这是被公认为印度拥有最先进管理的最好的公司，发挥影响的却只有顶层的寥寥几人，典型的上头思考、中下层执行的模型。我有很多想法，却没有发挥的舞台，也没有论坛发表观点或者进行辩论；圈子里的人很直接地说："在这里不要有太多自己的想法。"我觉得自己的才智得不到发挥。

同时，我观察那些与我年纪相仿、拥有美国大学博士学历的人。他们参观公司，与管理队伍会面。这群人发表过文章，在更大的平台上分享过他们的观点，影响着分享观点的对象。看到这些，我意识到我的贡献和想法被压制了，我知道我必须寻找一个更好的环境。

虽然我的朋友和家人都觉得我有点疯狂，但我还是辞了职，不久后就离开印度去美国进修了。

另一段经历则贯穿了我童年的大部分光阴和成人初期。我在一个叫 Ammamamalaimager 的小镇长大。父亲和祖父在我出生之前就搬到了这里，想追求更加虔诚的生活。我的祖父是非常虔诚的教徒，但更重要的是，他还非常聪明，博闻强识，曾经做过律师。

自我有记忆起，每周六日，祖父都会很早出门和一群孩子分享想法。孩子们是随机参加的，没有固定成员，但有一个共同特征：家庭都非常贫穷，许多是来自"不可触及的家庭"（在印度被认为是"落后"的阶层）。在榕树下，或者城镇中心，我的祖父会花几个小时时间帮助这些儿童完成学校功课，探索新想法，更重要的是，种下灵感与抱负的种子。

在小的时候，我不理解他为什么要牺牲那么多，只觉得不方便，因为他没回家我们周末中午就不能吃午饭。直到我步入青少年时期，看到那些长大成人回到镇上的孩子，才意识到祖父当时的用意。他们现在或者是大学的教授，或者是其他行业的精英。他们几乎是跪在祖父脚下，感激他曾经给予的帮助。

我的祖父深刻影响了我与学生的相处方式。我认识到参与他人的目标是非常激动人心的事情；我发现我的激情和热情是有感染力的——而事实上也的确传递给了他人；我相信拥有抱负会给我们的目标指引方向。抱负越大，目标越大，未来的成就也就来得更大。

最后，这份经历还让我意识到，教育最重要和最可贵的方面是尊重学生。当你尊重他人，你就会认真倾听对方的话。作为教师，如果你抱着每个人都有各自想法的念头，那在与学生提问和探讨的过程中就会发掘得更深。通过这个方法，每个人都能有所收益；作为老师，你也会得到成长。事实上，决定了我职业生涯的调研课题，就是一次课堂对话的直接结果。

回想这些经历，不难看到我祖父的价值观是如何影响了我。在很多地方，他潜移默化教会了我许多，而这些对给我信心离开顶级公司带来的稳定和声望、实现自己的抱负起到了至关重要的作用。如今，作为老师，我的目标之一就是提升我的学生的抱负。

以下是我常常询问自己的问题，或许你也可以试着回答：

我热爱自己所教的东西吗？

我在学习吗？我有改变吗？有没有变得更加聪明？

我是否在改变学生的抱负？我有在帮助他们设定比他们自身以前看到的更高的视野吗？

关键学习点：

导师很重要

导师总是会影响我们的生活。他们接触我们，指导我们，支持并丰富我们。他们当中有传统意义上的老师，也有意想不到的人。显然，任何人都可能在没意识到的情况下扮演起导师的角色。导师的力量不在于他们给我们树立的特定模范，而是他们让我们想起其他重要的东西，凭借自身力量需要更长时间才能发现的东西。而我们常常忽略身边只要开口就能得到的指导！我们身边有许多指引他人的机会，也有许多出现在我们生命中的人，接受他们礼物的机会。请思索你是否愿意并能够指引他人，以及你接受他人指引的开放度。

阅读以上章节后，请思考下列问题：

导师如何指引你的学习？

你的导师有哪些人？

你是怎样发现自己的导师或导师是如何找到你的？

你怎样帮助他人学习？

怎样指导身边的人？

担任他人导师的过程中，你学到了什么？

谁是对你影响最深的导师？为什么？

要从导师身上学习到最多，学习者应该拥有哪些必要的行为和态度？

第二十四章　领导者要像医生一样帮助他人获得远见

——弗雷德里克·哈德逊教你如何培养下属的远见力

弗雷德里克·哈德逊（Frederic Hudson）是教育家、作家、培训专家及公认的成人改造专家。他在成人发展、职业过渡和计划、人力和组织发展领域做出过杰出贡献，得到广泛认可。哈德逊是洛克菲勒大学和丹佛斯大学的院士。在哥伦比亚大学获得博士学位后，他在加利福尼亚大学和科尔比学院任教。从1974年到1986年，他担任菲尔丁研究生院的创会主席。1987年，他创立圣巴巴拉学院哈德逊学会，致力于改善工作环境和建立提升个人的培训中心。哈德逊曾获美国电话电报公司"年度高管教练"称号，获3M公司"最佳研讨会主讲"以及哈雷－戴维森公司的"生活工作平衡的教练"称号。哈德逊著有《成人岁月：掌控自我更新的艺术》（*The Adult Years: Mastering the Art of Self-Renewal*）。

我的顿悟

我的生命轨迹在童年时代的一场重大灾难中，留下了不可磨灭的印迹。我在这里分享这个故事是因为它生动地展示了我生命的意义：要有远见，要制订一个计划，然后迎难而上。

那是 1943 年 8 月 23 日，我 9 岁。那天，我从一片令人惊恐的安静中醒来。我的肌肉似乎冻僵了，声音也发不出来，全身上下除了眼珠子都不能动了。前一天，我还是个能蹦能跳的孩子，第二天一觉醒来就患上了小儿麻痹症，瘫痪了。我拼尽全力想要挪动四肢，可是都挪动不了分毫，颈部和下巴僵硬得像石头，浑身上下都疼。我的呼吸全都慌乱了。在 20 世纪 40 年代，小儿麻痹症还是一种起因不明可怕的流行病，没有预防和真正的治疗措施。许多患上这种病的人都死了，活下来的则余生靠拐杖和轮椅度过。

父母把我送到纽约锡拉丘兹医院求治。在路上，我感受到了前所未有的痛苦和无助。"我会怎么样？"我想，"我会死吗？会再也见不到家人吗？这不公平！"那天就像刺耳的警铃一直响在我的脑海里，时隔多年仍清晰无比。

我被安排到了医院的监护病房，睡在一张没有枕头的硬邦邦的床上。醒着的时候，我就直直盯着天花板——也是唯一能做的——感到无力。

一位叫苏珊的护士经常和我待在一起。她既安静又体贴，常常来看我，告诉我很多事情。她说："弗雷德里克，你的未来，就藏在天花板上，你是唯一一个能找到它的人。找一下当你长大后你要做什么，全都在上面。你是要成为短跑明星呢，还是网球运动员，科学家？你要去远途旅行吗？会不会参加夏令营和游泳？要不要读大学然后做出一番事业？会不会结婚然后拥有自己的家庭？弗雷德里克，你要做的就是研究天花板。当你看到自己的未来，未来就会开始出现！"

这就是她提起的全部内容——我的未来。我花了几个小时，接着是几天几个月的时间盯着无法挪动的身体上方肮脏的天花板，试图抓住能走出迷宫的法子。我第一次看到的影像是自己又可以跑跑跳跳了，就像毫不费力穿梭在森林中间的小鹿。不久后，只要睁开眼，我就能看到自己高贵优雅又飞快轻盈地跳着。接着，我看到自己有了新朋友，又重新展露笑颜，还爬树了。在盯着天花板几个月后，我预见了自己上了大学，成了丈夫和父亲。我甚至预见了自己成为一名医生。

苏珊让我相信，只要不断在天花板上重复预演我预见的，很快我的身体也会开始恢复，站起来实现一切。我从来不怀疑她。在我的身体状况处于最低谷的时候，我信任她，让她带领我去寻找最好的自己。

在知道我只有眼睛能动后，苏珊带来了投影仪，她把故事和图片投影到天花板上，让我一边看一边思索未来。她还投影了棋盘，教会我下棋，给我的未来创造学习的环境。她会念书给我听，指引我找出天花板上的图案；给我听音乐，以及很多名著的有声书。虽然过程很缓慢，但我很确信我开始感觉到世界的声音和视野逐渐朝我打开了。

她拿来了我学校四五年级的课程，在我完全没有意识到的情况下上完了课。知道我想要做医生后，她拿来了耶鲁、哈佛和哥伦比亚大学医学院的研究生公告，分解了本科入学要求，再分解难度来适应我的年龄。在我离开医院之前，她就已经让我接触了高等数学、法语、哲学和英国文学。能够学习这么多内容，我感到很受优待——甚至觉得班上的每个人都是患过小儿麻痹，然后在医院里跟着像苏珊那样的护士学习过！

在得小儿麻痹之前，我都算不上学习认真的学生。我的家庭在大萧条和二战夹缝中艰难生存，我有一个大我一岁的哥哥和一个小我一岁的妹妹，每天的日子都是乱糟糟的。父亲在一所制药公司上班，妈妈则是一家药店的兼职收银员。

但在医院的日子里，在极端的身体状况下，我只有时间，而且我想尽可能学习自己能学的东西。我想完成所有想做的事情。我相信我在天花板上预见的东西都会实现。所有我想象到的都有可能，那我还有什么可失去的？屋子里除了我，空空荡荡，安安静静。没有收音机，电视也还没发明。感谢上帝！有了这么多安静的时刻，我才找到了自己的灵魂，设想了自己的未来。

一天，当我徜徉在天花板上的森林里时，感觉到自己的左脚指头动了一下。那一下感觉很轻微，却意义非凡。虽然只有一点点，但我可以挪动脚指头了！苏珊来的时候，她跟我保证，这不仅仅是我要痊愈的征兆，还是我的未来就要到来了，我预见的一切就要实现的征兆。她说，我的力气会一点点恢复，从腿到脊柱到手臂，最后是我的颈部和下巴。"你现在要开始训练。"她说，"这个月都训练你的脚。"她在天花板钉了一个金属圈（当她在我思想的秘密花园凿了一个洞时，我瑟缩了一下），然后用一根绳子穿过去，另一头绑在我的脚指头上，接着又牢牢绑了一个小铃铛。她坚持让我弄响那个铃铛，我也照做了。当时，我还不知道巴甫洛夫和他的狗的著名实验。

我很吃惊苏珊知道复原的办法。她在我脚上缠上绳子，绳子一头穿过滑轮（钉在天花板上），另一头绑在我右手边窗户的把手上。她压低声音对我说："弗雷德里克，想办法让窗户开开关关，直到窗户的噪音引来护士阻止你。"这让9岁的我斗志昂扬。虽然我的腿不能动已经几个月了，可还是完全被挑起了兴趣，而最终也做到了。时隔多年后，我才知道那些冲进来抱怨的护士是受苏珊所托。

很快，我的房间成了健身房，为恢复四肢训练做的绳子满满当当伸向各个方向，布满了房间。我喜爱我的房间，虽然丑陋又寂寥，却是我的秘密花园，我不想离开。我从来没有感到过如此鲜活，如此畅快，和大叫后一样。我的颈部和胸部还是没能恢复，我的下巴还没能触碰到胸部，可对我在康复期间所学到的，我已经心存感激。如今我可以自如行走、跑步和打网球，与正常人生活无异。

最痛苦的事情是离开那间病房。坐在轮椅上被推着离开到舅舅的农场做康健治疗的时候，我生气地大声哭了出来。每天我都很孤单，没有苏珊的指导，只有一个死气沉沉的骨科护士定时来访，安排我运动。过了好几个月我才重新站了起来。但站起来的那一刻，我预见了自己要去哪里，也知道怎样办到。我有了目标，并用生命计划着实现它。

直到中年我苦苦在道路上和生命轨迹上挣扎时，我才完全体会到苏珊教会我的东西。在那时，我的目标已经从医学博士变成了哲学博士。在苏珊推荐的大学之一——哥伦比亚大学——获得博士学位后，我先后在缅因州的科尔比学院和加利福尼亚大学担任哲学教授。我也结了婚，生了子。我还写了书，成为优秀的演说家，达成了我跟苏珊预见的所有目标。

我又没了目标。在一番灵魂探寻后，我回归到苏珊教会我的课上：预见自己的未来，为自己负责。我跟苏珊一直保持紧密联系，直到她1989年去世。她说："弗雷德里克，昨日的梦想不一定是明天的承诺。就跟你在医院一样，抬头再去看看天空，思考原因，重新找到一个新方向。人在年少时的愿望并不一定就代表中年想要的。找到那把火，找到激情，找到属于你的希望。这些永远都在头顶，在适当的时机就会借给正确的人。"

我留下了喜悦的泪水。

我又一次看着我生命的天花板，痛苦地，试着找到生命的新道路。我分享这个故事，希望每位读者都可以从苏珊的简单智慧中学到：

想象你想要怎样度过一生。

寻找最佳选项。

相信你的远见。时间对每个人都是公平的，充分使用它。

制定一个具体的办法实现它。

对自己的生命负责。划分时间管理所有细节。

找到可以帮助你实现未来的最佳资源：人际关系、培训、旅行、探索、冒险等。

学会学习、抛弃所学及重拾所学。让学习成为最重要的事情。

不要待在舒适区，踏入延展区。

⑦ **问题：**

仰望自己的天花板，可以看到什么？

可以采取什么行动达到目标？

怎样成为像苏珊一样的人，帮助他人获得远见？

第二十五章　改变缺点的方式是与人合作

——贝弗利·凯谈合作的重要性

贝弗利·凯（Beverly Kaye）在职场问题、员工维护和聘用方面，在国际上享有公认的权威。她创建了国际职业系统公司（Career Systems International），出任首席执行官，同时还是工作场合效率方面畅销书的作者。凯博士与众多组织公司共事，提出了许多先进和优秀的人才培养解决方案。她的第一本书《晋升并不是唯一方式》（*Up is not the only way*）是经典之作。在书中，她预见了扁平化组织对员工个体职业生涯，以及引发职员自我管理的需要所带来的影响。在她联名写的畅销书《留住好员工：爱他们，还是失去他们？》（*Love' Em or Lose' Em: Getting Good People to Stay*）（Berrett-Koehler, 2008）第四版中，她再次展现了行业先锋的眼光，阐述了21世纪职场最紧迫的问题之一：

留住和聘用员工。在《26个策略留住核心员工》（*Love It, Don't Leave It: 26 Ways to Get What You Want at Work*）（Berrett-Koehler，2003）中，她向员工们展示了在当下的工作中，找到更多幸福感的方法。

将缺点转化成优点

索伦说得对，人生只能过完才明白，但生活必须前进。我的解读是：要是那时候我跟现在一样想，多好！一件偶然的事情改变了我对自我的看法，给了我今天站立的平台，起因却几乎都是因为自己。

事情发生在加州大学洛杉矶分校。我修完了课程，正等待答辩。我的课题是：组织的职业发展。我选择了一个我认为会懂我、喜欢我并且温和的答辩小组，也选择了一种符合自己的干净利落方式："采取行动""快速行动""努力学习""剔除目标"。这套方法我驾轻就熟。

如今回头再看，我的学习方式其实很有局限。我一点不漏背诵所有内容，学习很久，绞尽脑汁得到更多的分数和奖项。我并不将自己视作聪明人，因此所有事情都花费很多时间，也非常煎熬。但我是一个勤奋的学生，应对困难知道要做什么。我知道自己的学习舒适区和局限所在。

很不幸的是，我的答辩小组也知道。

我没有通过论文答辩。在此之前，因为信心满满，我甚至录了音给同伴们听。答辩小组让我重新答辩，并给了我建议和方法。我现在有一整盘录音都是在哀求他们重新考虑，以及"不要在我教育的最后关头这样对我"。

我赢得了他们的同情。他们让我做现象调查：扎根理论。他们说看到了我的缺点，即从直觉出发思考，而不是一个理论基础。我对他们的指点摸不着头脑，但却很确定我不会喜欢这个提议，后来也的确不喜欢。虽然读过格拉斯和斯特劳斯的《扎根理论》好几遍，我却完全不知道该如何做。

现象调查要求必须提出自己的理论。调查一种现象，收集数据，当理论跟所有数据贴合时，你就成功证明了理论。我试了三次，却都失败了。分析数据不是我的长项，但我也不会坐着苦思冥想，缴械投降就更加不是我会做的事！

有两件事支撑着我。第一是我的妈妈，看到我如此沮丧，她说："为什么不放弃呢？"这么一想我就知道自己做不到放弃了。第二件事是，答辩组的其中一位教授说："贝弗利，如果你坚持下来，你以后的职业发展也会是这样。"我不知道那句话是什么意思，但我知道肯定重要。

正感到绝望和孤独时，我终于灵机一动，请了一位朋友进来听我谈论收集到的数据。谈着谈着，理论就忽然慢慢浮现了出来。当我最后提出结论时，答辩组终于说："上帝，她做到啦！"

那个理论成了我第一本书。这本书指引着我的顾问之路，凝结着我与同事共同努力的结果。如今，理论已经得到了改进，但仍用作我的教材，也用作我学生的教学教材。它仍指引着我思考。

我学习到了什么？我认识到，我要走出舒适区才能真正学到我能做的事情。我认识到被戴维·科勒贝（David Kolb）教授划分的两种学习风格难住了："积极试验"还是"具体经验"。如果想要有所成长，我必须学会"被动观察"和"抽象概念化"。我常常想，如果答辩小组指出了这点，我的论文答辩就会顺利。如果他们画出了那条学习曲线，并解释将对我很有帮助，我就不会那么痛苦，就会知道他们是在帮我。或许这只是我的想法。

我认识到，如果人想要有一个平台，就必须以自己的方式在恰当的时机站到平台上。当这个平台真正属于了你，你就可以站得很稳。从那里出发，你可以做任何事情。

我认识到，合作是美好的（对我来说）。我最好的想法是在与他人合作过程中诞生的；寻求帮助也没有什么可耻的。我的事业，我的各种实践，以及我的生活方式都因此受益。

我不止一次认识到，当脚下的土地开始变成流沙，那就是最宝贵的学习，以及最珍贵和永恒的成长即将到来的前兆。哦，前方更简单的方法在等着我！

⑦ 问题：

什么人或者什么事情促使你朝新的方向成长和发展？是如何做到的？

你的缺陷是什么？怎样才能做到更加全面？

第二十六章 真正有价值的不是解决问题的方法，而是良好的人际关系

——大卫·诺尔谈管理的核心要义：人道精神

大卫·诺尔（David M. Noer）是工商管理学博士，还是作家、演说家和高级管理培训教练。他写有六本书，发表了许多学术和科普文章。他最新发表的修订版的畅销书《治愈创伤》（*Healing the Wounds*），帮助人们和组织从裁员的灾难中恢复调整。诺尔还是创造性领导力中心的荣誉高级研究员和依隆大学企业领导荣誉退休教授。

一分耕耘，一分收获

　　我生命中的恩师们给了我一份珍贵的礼物。这份礼物既不是一件工具，也不是一种方法和技术，而是比这更深层更深远。他们教会我，能帮助人们或者企业组织变化和转型过渡的，不是技术方法，而是真实的人际关系、正视缺陷和共鸣；他们教会我，与人在温暖而又紊乱、非科学的人类精神层次的联结，是所有方法论和技术的先决条件。我学习到，没有共鸣和接纳缺陷作为基础，技术就会变得贫乏无力，矫揉刻意。我的众多恩师中的一位，拉里·波特曾说："分析到最后，真正有价值的工具是我们自己温暖的身体。"

　　拉里的话与其他恩师不谋而合，不知不觉在我脑海里扎根，占据了一个独特的角落。但是要完全内化他们的教诲并不容易，毕竟我以前是个很执拗的学生，现在也一样。我从小接受的理念教育是"黑色风暴"经验主义，对应的方法论是"如果不能量化测量，就代表不成立"。不幸的是，虽然早期的自然科学信奉这个理念并应用到众多行为科学研究里，但却不总是站得住脚。我的恩师们谈论的是诸如爱、信任、接纳、共感和真实性这些概念。他们在我的脑海里齐声疾呼:"试着去量化这些!"每当我被最新的把戏或者噱头吸引住,他们就会抗议大叫:"共感第一,方法第二。"

我在一生中遇到那么多优秀的老师,觉得很幸运。每当我想要绕开真实性直奔技术层面时,他们就一起阻挠我。我与他们关系的神奇之处是,当我需要他们的时候,他们总会在那里。他们人数太多,以至于有时候等到他们出现,我才知道谁在当值。有一些很有名,有些则不是。在我的经历中,好的老师不一定名声响亮或者很受瞩目;盛名的管理大师也不一定是好老师;他们当中最著名的一些只是单一一种技术或者方法的"管道":寻找问题的现成解决办法。

我的发现之旅是从几年前刚被提升为一所大型金融服务机构的高级副总裁开始的。当时,我负责人力资源部门。很快我就发现了一件"不可能完成的任务":我想摒除公司内部敷衍的工作风气,暗藏的内部机制和官僚主义,想让公司运转得更有效率,员工更有创新能力和自主权。这时,我的导师之一出现了:托尼·塔斯卡(Tony Tasca)。他用自己独特的幽默和娴熟的语言引领我了解了企业组织发展的确切含义和过程。通过托尼,我又认识了刚刚开始接手佩珀代因 MSOD 项目的帕特·威廉斯（Pat Williams）。帕特是佩珀代因项目的创始人和设计者，在过去23年中塑造和打造了OD从业者的生活和观念。他和他的同事大卫·彼得斯（Dave Peters）教会我，越是能接触激发积极性的事情和了解自己，就越能够有效帮助员工和组织系统过渡。我原来希望从佩珀代因那里找到一整套工具，却没想到自己就是工具！我还发现，作为工具，我需要时刻校正和打磨。你能带领别人走多远，取决于你能走多远。

我对外部技能的疑问仍然未能得到解决，并一路伴随我到乔治·华盛顿大学的博士项目。我原以为我会在那里找到一整套正确的解决办法和工具，然而找到的却是彼得·瓦尔（Peter Vail），存在于我脑海特殊一角的众多恩师之一。他和他的同事杰里·哈维（Jerry Harvey）让我懂得，知识和智慧之路通常充满了对测量和控制的抵触。我在中年获得华盛顿大学的博士学位，愈加相信，放下防备，与我想帮助的人建立真实的关系，比想要控制一切、带有目的性地使用工具和处理管理问题更有价值。重要的是，不是客观外部的工具和技术优劣有用与否，而是因为要应用在人的身上，因而需要真实的人类互动交流的背景才能产生作用。

生活有一套让人保持谦卑的办法，而我就是在1988年上了这样一课，狼狈不已。那时，我刚辞了一份待遇很高的公司职员的工作，接受了杜克大学更有趣的教职人员的工作邀请。可就在上任前两个星期，我的妻子戴安娜在一场车祸中不幸脖子骨折。幸运的是她活了下来，尽管留下了永久性创伤，但比我们预期的要好很多。就这样，因为突然要担负起照看她的责任，我没办法搬到北卡罗来纳州，因此失业了。

在这段需要精神、感情和经济支持的日子里，出现了三位恩师。他们三个人都给了我同样的信息：我对自己知识储量的认知是谦卑的，如果我保持真诚，真正关注顾客的需求，而不是仅仅着眼于方法和手段，那我也可以成为很棒的顾问和老师。

第一课是迪克·莱德（Dick Leider）教的。在我感到迷惘和失去自我信心的时候，他给了我鼓励，认为我有"伟大灵魂"，是"说出真理的人"。为了让我信服，他还列举了展现我善于分析一面的具体例子。

迪克·伯德（Dick Byrd）和马歇尔·戈德史密斯（Marshall Goldsmith）给我上了另外两课。他们两人凭着对我的信念，相信我能做好咨询工作，就把我领入了门。

迪克一把把我扔到一个棘手的客户群里，说："你对自己知道的了解太少了。停下分析，赶紧行动！"

马歇尔从加利福尼亚打来电话，慰问了戴安娜后，问我有什么打算。我说："我想尝试咨询行业，但我没有客户。""你下周二有什么计划？"马歇尔问。我没有什么要事，就跟着他到亚特兰大与客户见面了。就是那样，相当于没有引荐，没有协议，没有要求，没有疑问，这是马歇尔对我单方面的无条件信任。

迪克和马歇尔对我表现出来的善意、信念和毫无要求，不仅让我摇摇欲坠的自信心又重新振作起来，也教会了我积极的自我实现预言的力量。我再次确信了，在帮助他人时，通行的货币是人道精神，而不是技术或者技巧。

如今回首我的成就和所学，我对恩师们万分感激。他们的话语驻扎在我的心底，当我最需要它们的时候，它们总是会神奇地出现在我面前。他们让我懂得，真正的帮助是接受帮助一方的看法，而不是给予一方。我了解到，技术和方法虽然重要，但不能脱离真实的人际关系。他们如今还在教导我，方法即使难度再高再复杂，也是简单的，难的是放下防备，接受缺陷和建立真实可信的人际关系。

⑦ 问题：

如果你正在领导、管理或者提供咨询，为了让自己放下防备，正视缺陷与共事的人（员工、上司或者客户）接触，你是否经历过必要的苦痛、挣扎和自我分析?

技术和方法是客观、可预测和基本不包含人性的;人的交际互动是主观、温情的,可以提升人的灵魂。你能否分辨两者的区别?

第二十七章　像个精神导师那样去帮助他人实现潜能

——路·泰斯谈领导者的个人魅力

路·泰斯（Lou Tice）是教育公司美国太平洋研究院的主席和联合创始人，公司总部设在华盛顿西雅图，在六大洲设有分点。他是《聪明的谈话——激发你潜能的5步法》（*Smart Talk for Achieving Your Potential*）、《更好的世界，更好的你》（*A Better World, A Better You*）的作者，与乔伊斯·库克（Joyce Quick）一起写了《有结果的个人培训》（*Personal Coaching for Results*），也是《对卓越的投资》（*Investment in Excellence*）系列畅销视频的发起人。在1971年与妻子黛安建立太平洋研究院之前，泰斯曾经是高中老师和足球教练。在将近40年的时间里，他一直致力于帮助个人和组织机构实现他们的潜能。

指导未发掘的潜能

绝大部分的成功人士在生命中都有至少一位伟大的教练或者精神导师。仔细思考，好的精神导师有什么样的品质是行为模范没有的呢？你的精神导师有谁？他们对你产生了怎样的影响？

我敢打赌他们是在那个特定时刻，比你更了解你自己的潜能的人。他们不仅看到当下的你，也看到你可以做到的程度，拥有比你更高的远见。他们不是对你的缺点视而不见，而只是不紧紧抓住。相反，他们帮助你相信自己的力量、能力和成长的潜能。他们鼓励你，帮助你看到生命中那些你还没发现的可能性。

在你眼中，精神导师们是可敬可信的，因此你也认可了他们的视野。接着你就会告诉自己："对，我有做到那个的可能。我可以做到，我就是那块料。"你对自己的信念就会开始改变；行为也会相应开始改变。优秀的教练和精神导师对我们的潜能有坚定不移的信念，不知不觉中也就让我们信服了。

我的早期导师们

我不知道，如果没有我敬仰的人对我的信念，尤其是我童年时代陪伴在我身边的人，我今天是否还会在这个位置。有时候我会去设想最坏的情况：我成了日渐衰老、酗酒的足球教练，对世界满是愤懑，因为我帮不了任何人，包括自己。

接着我想到了安德生先生，我的六年级老师。他是我非常棒的行为模范和精神导师。他常常让我管理班务——一项重大的责任——让我感觉就像能力超群的领导人。每当他组织体育比赛，他偶尔会让我参加，而不是选择更有经验、年级更高的选手，即便遭到他们抗议。我明白，自己必须与责任相称。安德生先生是我景仰的人，是他让我相信自己是特别的，因此我也努力确保自己表现得优秀，决心不让他失望。他花费苦心为我设立了模范，让我更加坚定对自己的信心。我永远不会忘记他。

我也会记住埃文·托马斯（Evan Thomas）。埃文比我大三岁，我俩一同在一个贫困的社区长大。二战后物资极度贫乏，需要大量生产，幸运的是，找到工作的父母都尽可能长时间工作，常常加班，因此父母很少有时间看管我们小孩子。年纪稍大的孩子就不得不担当起照顾年幼孩子的责任。结果是，我们通常变成野孩子。

但埃文不同。他有强壮的体格、强大的精神力量和强烈的道德精神。虽然是美国土著，但他从不与我们划清界限。我们将他视作我们当中的一员，但要更加优秀。你可以想象，可以让他注意到我，特意关照我并主动给我提建议是什么样的感受。当他告诉我远离一些影响不好的人时，我都听。

埃文是高中学校足球队的发球员和后卫。我也一直想要加入足球队，无奈一直到九年级，我都比同年龄的人个子要小。在成百个跃跃欲试的男孩竞争中，我总是得不到教练的留意。我觉得自己永远不可能加入足球队了，可埃文却不这么想。他说："你要做的事情是，时刻留意教练的行踪。每天去他身边站着，告诉他你想要一件球服。"要是让我自己去做，我肯定连想都不敢想；但如果埃文觉得我配得上那件球服，我想我肯定配得上。我照他说的做了。我的坚持得到了回报：教练给了我球服。这就是我加入球队的过程。

第一次和我的妻子黛安约会的时候，我和埃文以及他的女朋友来了一场双重约会。我原本计划和黛安一起坐公车，但埃文觉得那样不够好。"你坐我们的车。我先接你，之后我们一起去接黛安。"我想起他们要年长三岁，紧张地问："可要是你的女伴不想跟我们一起外出怎么办？"埃文说："别担心，如果她不想，我们就留她在家。你是我的朋友。"他再一次在关键的时候让我感到自己的分量。

几年前，我听说埃文患上脑瘤，去世了。我感到非常不安，尤其是未能告诉他孩童时代他给我的友谊和支持是多么重要。因此，我决定告诉他的妈妈。我开车穿过了整座城市，来到了老街区，找到了他的房子。

埃文的妈妈已经完全不记得我了。但我告诉她，埃文曾经是一位多么好的人。我跟她解释埃文对我产生了非常深远的影响，对我的成长、我的性格培养和事业的成功起着至关重要的作用。他对我的关照和担忧，曾在我最需要这些的时期里意味着整个世界。我告诉她，能成为埃文的朋友，我感到非常自豪，我永远不会忘记他。

确认你看到的不凡之处

我们能最大程度帮助别人的，是帮助他们发现未曾发掘的潜能，帮助他们培养壮大最好的部分，诸如充满希冀、勇敢、恒心、喜欢探讨、刻苦、创新、适应能力强、友善、有自主看法、考虑周全、机智等。

人类的潜能是什么？没有人知道。但我们甚至从未靠近极限。潜能，指的是发展的能力。当我们帮助其他人重视自己、相信自己，让他们不论结果如何都感受到支持，我们就已经帮助他们成为优秀的人了。

谈到"不应该解决别人的问题"或阻挠他们采取行动，并不意味着我们应该无所作为。作为精神导师，我们从经验和智慧层面提供的帮助更多。例如，通过巧妙提问，可以帮助他们分析问题要素，思考他们即将做出的决定；评估他们的选择并设想各种情况相应的措施，想象可能出现的结果。我们可以指出他们可能错过的可能性，给出建议；分享自己的策略，分享类似经历中自己成功或者失败的结果，因为有时候我们的失败、错误和放弃的经历，比起相对顺利的经历给人启发更多。

当我们确信自己理解了情形，我们就可以提出建设性的行动建议或者调整行为——前提是我们得接受这样的事实：我们帮助的对象有同意或者反对、接受或者拒绝的自由，即便我们的想法被质疑或者拒绝，都不会感到难以接受或者失望。我们可以帮助他人检查和修正内心的独白，尤其是他们自我肯定和设想未来的对话，借此更好地了解他们。我们还可以帮助他们审视和评估决定带来的结果，以及新的应对措施。

(?) **问题:**

怎样才能成为你生活中或者工作上更好的精神导师?

怎样才能帮助他人实现潜力?

帮助分析他人正在处理的问题或决定时,可以怎样提问?

第二十八章　像优秀的教师对待学生那样
　　　　　　去对待你的下属

——奇普·贝尔谈如何从优秀教师身上学习领导力

奇普·贝尔（Chip R.Bell）是奇普·贝尔集团的资深合伙人，主管达拉斯市和得克萨斯的分公司。他是国际知名的演说家和顾问，独自和联名写有 18 本书，其中包括《成为导师型经理人》（*Managers As Mentors*）、《让他们大吃一惊》（*Take Their Breath Away*）、《磁性服务》（*Magnetic Service*）、《成果导向型指导》（*Instructing for Results*）、《了解培训》（*Understanding Training*）、《与人共舞：在工作及生活中建立伙伴关系的六个步骤》（*Dance Lessons: Six Steps to Great Partnerships in Business and Life*）等。

关于教育和培训的七堂课

"他是我最棒的老师。"这是我从小到大常常听到的一句话。这句话指的是我的父亲，说这话的都是他的高中学生。在长大成人之前，我也成了粉丝中的一员。

父亲在我眼中并不是严格意义上的老师，在我出生之前，他就已经辞掉教师的工作，做了全职的银行家和农民。但他的身上抹不掉教师的印迹。我会时不时地得到他的指点。他给我带来的影响，改变了我的生活；他的智慧为我后来的培训职业生涯奠定了珍贵的基础。

以下是我父亲培养教师的基本法则：

1. 优秀的老师不会评判别人。我的父亲可以和监工一样严厉，是严守纪律的人。当涉及业绩和表现的时候，他几乎是完美主义者。他期待做到最好，要求最好的结果，也展现最好的成果。然而，当目标是学习的时候，他就完全改变了风格，变得有耐心，甚至是容忍。最重要的一点是，他不会评判他人。目标是成长的时候，即便是最愚蠢的问题，他都会当作是能洞悉未来的问题。

他从来不会对我的无知单纯表示不屑。在小时候，我更多听到的是"精彩极了"而不是"糟糕透了"。当我为学习新技能或知识忙碌时，留有余地似乎是父亲的特质。优秀的老师总是很快认可你，但不急着纠正你。他们的举手投足都传递着接受和认可；他们延缓批判，因为知道批判会阻碍冒险和尝试，而有效的学习两者缺一不可。

2. 优秀的老师是一起参与的伙伴。"去把拖拉机开到谷仓里怎么样？"这话对当时年纪尚轻，在农场上长大的我犹如天籁。这是我的父亲陪伴我走向成熟的方式：给了我启动驾驶和停好那一辆笨重昂贵的拖拉机的特权，我感到被信任和被尊重。父亲的举动让我觉得兴奋，觉得自己高大了起来。

驾驶拖拉机不仅仅是长大的一枚勋章，而且是合作关系的象征。显然我是依赖父亲的，但在那一刻，他对我的信任让我获得了独立。优秀的老师永远在寻找扶持和放手的机会。他们更多地扮演支持者的角色，而不是说教；他们喜欢好的提问，而不是犀利的答案。父亲会和我一起探寻答案，指导方向，但不是利用自己的专业知识。他似乎知道，参与是发现和洞悉一切的道路，是有效学习的重要基石。

3. 优秀的老师永远抱有好奇心。我的父亲会问我他不懂的问题。这与我见到的很多朋友的父母形成了鲜明对比，因为我的朋友被问到的常常是早就设置好陷阱或准备好答案的问题。这就好比"你知道现在是什么时间吗？"和"我的手表丢了"是完全不同类型的问题。但父亲永远不会这样提问。而当他提问时，通常意味着他是在寻找答案。我后来意识到，这是他保持好奇心的表现。

　　在全家自驾游的时候，我们每经过一个带有历史的路标都会停下。我们会用整个周末的下午，探讨诸如"你觉得查尔斯·狄更斯那句话是什么意思？""那时候不知道尤利乌斯·恺撒是怎么想？"之类的问题。为了了解构造，父亲会分解东西。他看着松鼠筑巢，接着就会发起一场关于筑巢基因或者感知天气技能的探讨。优秀的老师永远保持着好奇心。他们不将自己看作是老师，而是学生，永远保持激情，不会停下提问。

　　4. 优秀的老师可以在很多情况下找到幽默。父亲没有做喜剧演员的天赋，实际上他非常害羞。但他很享受玩笑，能自我调侃，能和别人一起开怀大笑。他的幽默是纯粹真实的，不是刻意或者讽刺。最重要的是，他总是在简单的事件和日常生活中找到乐趣和魅力。当大笑出声的时候，他笑得尽情畅快。他的笑总是能感染其他人。

　　他从本能上知道快乐是解决学习难题的重要一点。当学生看到老师的幽默时，他们也会学会调侃自己。严肃的成长还必须要有不较真的地方，我的父亲认为不管终点是如何艰难，旅程都要享受。他是我知道的唯一一个对学习三角法或者查尔斯·狄更斯有其他古怪理解的人。他为我树立的榜样还有了另一种结果：我对学习有了不可抹去的喜爱，让我成为一个更自主的学习者，学会了纯粹地享受旅途的乐趣。

5. 优秀的老师不掩饰自豪。我的父亲亲身体验人生，又从我的身上再度体会一次。当我历尽苦难终于将成果展现在公众面前时，父亲掩饰不住他的自豪，似乎他也站在了舞台上、法庭下、球场外或者讲坛上。但他的骄傲并不是宣扬"那是我的孩子"求得旁人赞赏，而单纯只是看到付出得到回报的兴奋激动。

优秀的老师为见证师生关系而带来的影响感到骄傲。他们不仅间接体验学生的成长，也见证着学习的力量。父亲的"棒极了！""太惊人了！"之类的感慨，不是为我能做到他教的东西吃惊，而是被学习这个过程震撼到了。

6. 优秀的老师有毫无瑕疵的道德观。我从父亲身上学到最重要的一课是，教育是伦理性的举动。真正的老师和培训者在处理与学生关系的时候，不能虚假，不能操控或者产生贪念，而是交流和行为都做到表里如一、始终如一。他们不会窃取学生努力的机会或者光荣的时刻，不觊觎学习者的才能，也不伪装自己。优秀的老师敬重学生，敬重相互学习的过程。

7. 优秀的老师深爱自己的学生。父亲就是如此。每当他的学生们提起快乐的回忆时，很显然他们语气中透露出对父亲的爱，而且这种爱是相互的。马尔科姆·诺尔斯博士（Dr. Malcolm Knowles）教会我，一个好的老师或者培训人员最重要的是必须热爱学习。父亲教给我更深层的一课是：一个好的老师或者培训人员最重要的是必须热爱学生。

⑦ 问题：

如果你的学生要根据你对学习的热爱程度打分，你会得多少分？

在你的学习和培训经历中，怎样可以帮助参与者成为更高效的终身学习者？

在启发学生的过程中，你扮演什么样的角色？他们什么时候会脸红？什么时候会笑？

>>> 第三部分

领导者如何突破困境
——不要急着辩护，先理清思路

第二十九章　像柔道一样后退一步的打法

——卡洛斯·马林谈领导力中的柔性力量

卡洛斯·马林（Carlos E. Marin）是一位经验丰富的国际执行教练和领导力发展顾问，拥有25年协助全球数百名领导者及其组织的经验。他是圣地亚哥人类发展培训学院的前副院长，哥斯达黎加圣何塞国立大学校园创始人、院长和校长。马林是一位经验丰富的国际顾问和领导力发展教育者，曾与美国运通、可口可乐、默沙东、西门子、联合利华、桑普拉能源和富国银行等公司合作。他是武术的终身学生和实践者，特别是太极拳、跆拳道、合气道和空手道。

在向前冲之前，先后退一步

想一想那些灵感突如其来的瞬间，例如一次"啊哈""我知道了！"的经验。想一想这些毫不费力却又强大的体验，从我们身体、情感和智力中迸发出来。

我的大部分时间都在练习武术，并从教导中获得重要的学习突破。作为一名高中年轻教师，我好奇，为什么有一些学生会赞扬我具有能够让他们简单理解事情的能力。在我职业生涯的后期，下课之后，或者为一个小组提供帮助，表达我如何与要演示的内容联系起来后，常常会有人来找我。他们常常疑惑，如何才能"体验"这些材料。在想这个问题的答案时，我联想到了我的武术经历。

我渴望学习自卫，所以进入了武术领域。我还是一个孩子的时候，一些情节和遭遇证明了我能不能自己照顾好自己还是一个问题。12岁的时候，在父亲的鼓励下，我参加了柔道课。我发现柔道课程非常有趣，于是让我的家人给我报了名。我很幸运，一开始有一位耐心并且苛刻的老师。随着时间的推移，他鼓励我不断地训练，体验超越自我限制的感觉。我练习得越多，越有自信，内心也愈加平静，能感受到我周围的环境。

学习柔道的过程开始影响我接近社交的方式。在柔道课上，我们专注于"感知"别人的运动和呼吸。我问老师，怎么才能做到这一点呢？老师的回答是："让你的身体做到这一点。不要想，去做就可以了。"但是我怎么能学会一些我不明白的东西呢？"练习，练习。"老师坚持说。我会继续练习。这种感知训练帮助我培养了专注、调整和感知他人信号的能力。

我的正式教育强调理性、分析和理解概念的重要性。教育的环境教导我用分析思维的方式处理挑战，将问题的各个部分拆分，然后各个击破。

随着我继续学习武术的各个类别，我遇到许多优秀的老师。最终，我有幸遇见了天才太极老师黄忠良。他曾经对我说："让你的眼睛柔和起来，你将看见更多。"当时我正处于"努力去看"的模式，试图理解我们正在做的太极的"形式"这部分。通过他的建议，我开始意识到我眼睛的紧张，开始感受到我眼睛的肌肉在放松，视野在扩大。这个过程就好像切换镜头，强调了显示连接模式和动态的相互关系。

在练习太极的"五行"时，第一个动作是伴随着手臂的展开和眼神的延伸，故意向后退一步。这不仅仅是一个身体动作，也是心理上的动作。这是一个"清除"运动，旨在清空自己的视角，邀请周围的现实环境填补你的感官。信息很简单：弓步向前之前，向后退一步，因为更广阔的视角会为你提供更多的选择。

在我的工作中，我经常看到人们伸出头来，皱着眉头，眯起眼睛，努力理解、分析、挖掘正在发生事情的逻辑。当他们走路时，他们的头似乎比身体的其他部分移动得更厉害。 我能看到并感受到他们的挫折感，紧张感。我可以听到他们声音中的压力。我请他们深吸一口气，坐下来放松一下，然后"感受"一下现在，感知当下而不是思考它。我也可以建议他们从这个新角度思考他们的问题或挑战，即一个"更温和"的态度，但绝不是软弱。

帮助人们过渡到更轻松、更专注的当下，使他能够以新的方式看待问题。多年来，我一直在进行这个过程，它已经成为我专业实践中的重要工具。它有助于人们更多地了解自己和他人。

首先，放空你的假设，清除你的内心空间。后退一步，柔化你的眼睛。然后，用这双"新眼睛"去看，它可以带你用一个更精致的感知工具走上自己的学习之旅。通过练习，你更新

和柔化自己的眼睛，帮助你找到引导你感受那种"啊哈"经验
或那种"我明白了！"的感觉体验。

(?) **问题：**

你可以让你的专业眼光放松一下，以便你可以看见哪些被
掩盖的事实吗？

压力或紧张会阻止你找到解决方案吗？

你如何运用柔化感知这个过程，帮助你和其他人用新的眼
光看待事情？

关键学习点：

像别人一样看待自己

当我们能够退后一步，观察周围发生的事情，并从他人的
角度看待自己时，我们就是在使用我们的"第三只眼睛"。后
退一步使我们能够以更广阔的视角看待事物。通常我们很容易
陷入生活中的情绪，以至于我们无法放松并获得更大的视角，
但是当我们放慢脚步，从另一个角度看事情时，我们能更清楚
地看见事物并从中学习。

阅读前面的问题后，考虑以下与"第三只眼"学习经历有

关的问题：

你什么时候停下来思考你的生活以及当前事件情况的影响？

描述一个当你后退一步后，视角发生变化的情景。

你能教别人退一步体验一个客观的视角吗？如何做到？

一时激动之下，我们很难从情境中后退一步，用更宽阔的视角看待事物。你是如何提醒自己在行动前要深呼吸，环视四周的？

第三十章 做一些"不同寻常"的事
能让你更好地应对一切

——戴维·尤里奇谈户外旅行的意义

戴维·尤里奇（Dave Ulrich），密歇根州立大学
罗斯商学院教授，RBL 集团（www.rbl.net）合伙人，
多次获美国《商业周刊》《福布斯》《人力资源杂志》
《快公司》和《最佳主管》的赞誉和奖项。他执笔了
22 本关于人力资源、领导力、文化与能力方面的书。
他主要关注组织内部的行为（人力资源、领导与文化）
是如何向公司员工、顾客、投资者，以及外部社区传
递价值观的。

一则关于学习与创造意义的寓言

故事一

那年我 21 岁，结婚四年，育有一个孩子，第二个孩子也即将降生。当时我们刚搬到洛杉矶，我在洛杉矶攻读博士学位，勉强维持生活。我决定要做点不寻常的事情。一次，我与年近 50 的父亲闲聊，我问他，是否感到过无聊，想不想做点特别的事。两个问题他都给了肯定答案。

3 月中旬，我心血来潮，提议在 6 月中旬的时候，来一场从西雅图到洛杉矶的骑行。从地图上看，我们走的是下坡路。

我和父亲顶多只算是业余骑行者，仁慈一点说，我们还算"结实""健壮"。我的自行车只花了 99 美元，原厂家的标志被一张写着名字的贴纸盖住了；父亲的自行车也没有好多少。我们平常顶多只是周末骑行，然而在我们各自伴侣的支持下（她们更多是出于信念而不是信心），经过三个月训练，我们开始了冒险之旅。

这次骑行绝对称得上疯狂。我们带上了所有的装备和食物。

我们没有用强大的地图标注出最佳的骑行路线，天一破晓，我们就上路了，一直到骑不动才停下来；我们也没有花哨的变速器；我们也曾迷路，经过泥泞的小路；骑到距离城市很远的偏僻角落，我们就睡在野餐布上。抵达城市就住在教堂的地下室里；在没有路肩的地段，我们差点被重型卡车撞倒；刹车闸失灵、爆胎、断钢丝等就不值一提了。过往骑摩托的人向我们鸣喇叭竖中指无数。然而我们还是坚持了下来，在 21 天时间里完成了 1400 里的旅程，抵达了圣塔莫尼卡市。

故事二

如今，几乎是 30 年以后，我的女儿也在攻读博士学位，经历着失意起落。她跟我说："爸爸，我们一起做些不寻常的事吧。"然后我们决定了要骑行，只是相比起我和父亲的那次骑行，挑战性没那么大，我们选择了从俄勒冈州到旧金山的路线。这次的自行车比上次更好，住的条件也更舒适，但我们还是浑身酸痛。另一个女儿一路开车跟随，给我们送补给，在早晚停下休息的时候参与我们的聊天讨论。

但重要的是，我们之间的纽带和从前一样。家人之间的随意谈话，飘散在安详的海洋，掠过嚼草的牛群，越过飞逝的绿色田野，变得无可替代。身体锻炼帮助我们缓解压力，社交活动则创造绵延的传承。

最近，父亲去世了。我怀念他，并接过他的传承。我和女儿可能在今年夏天再去骑行一次。我们一直保持紧密的联系，相互支持，不论起伏。身体得到锻炼的同时，也为个人建立联系创造了一个契机。

这些经历都变成了一个寓言，为我在过去 30 年里作为教授、研究人员和顾问的生涯中面对的挑战和汲取的教训指引了方向。

第一，我认识到，维持平衡是一个持久的挑战。面对经济压力的时候，我决定搁置博士学位进修，与父亲去骑行；我的两个女儿都很忙碌，一个是教授，一个是心理学家。我们深爱着彼此，我们共处的时光轻松而愉悦。随着年纪增长，我们的社会和政治观念日渐分离，却因为相同经历而联结在一起。平衡工作、家庭和私人生活还将是我生活中的主要挑战之一，我不断地校准，检视自己是否达到了对自身的多重要求。外孙女的降生，让我更加意识到家庭时间的神圣。研讨会来来去去，同僚们言笑晏晏，但家庭会一直在。

第二，我学习着鉴别风险。这两次骑行其实危险很多。我们训练不足，经验也不足，改良装备和标注地图都是现学现用，只能说是选定了日子就碰头南下而已。

鉴别风险使我在职业生涯中受益匪浅。我以为 30 年的阅历会让我胸有成竹，然而却时常发现，在与各大公司、集团、跨国公司高管会谈时，当他们向我抛出深深困扰着他们的难题，用期盼的眼光看着我时，我不止一次地想："我到底在这里干什么？我对这个问题一点头绪都没有。"接着我决定冒险一把，手脚并用扎进去。后来我逐渐发现，通常通过不断提问，开诚布公引导谈话和不断重构问题，就可以化解危机，得出成果。面对风险，采取行动，是骑行教给我的一课，让我受益无穷。

第三，我了解了自己。记录距离，每天设定目标并实现，达成整体目标，让我感觉良好。我发现自己喜欢这样的成就感。同时我也认识到，自己的成就感更多地源于推动自己，而不是为了击败某人。我的父亲和我，以及我和我的女儿，不管在山峰还是低谷，都相互扶持着。拥有一个朋友感觉真好。

第四，我认识了失败。骑行路上，我千千万万次产生过放弃的念头：钢丝断了，第三次爆胎，差点被重型卡车撞倒，腰椎疼痛到难以忍受，"受够了"几乎要脱口而出。但我们坚持着，我对失败和失望的承受度也逐渐提高。

这种容忍度让我受益无穷。我收到的拒绝信可以贴满整面墙壁，即使我自认为我的稿子比评论者更加全面透彻，有理有据；我也遇到很多客户对我提供的想法没有我预想中那么信服。

我认识到，当事情进展不顺利的时候，我只需要勇往直前，汲取过往经验，而不是被当下束缚。失败的滋味自然不好受，但向前看是有效的应对。

最后一点，我认识到了什么才是最重要的东西。和父亲的骑行，和孩子的骑行，让我从一个不可思议的角度感受到了家庭的魅力。在无忧无虑的骑行日子里，家庭是我们的中心。在我试图培养孩子的家庭和社区责任感时，父亲的精神得到了传承。我的父亲一生都在致力于服务他人。55 岁退休后，他每周四天，每天花三到四小时参加"面包活动"，将食品杂货店剩余的面包和杂物送到他所在城市的收容所和粮食银行。他是极致的志愿者，想要竭力以这种方式回馈家庭和社区。这些我都想牢记，然后传承给我的孩子和孩子们的孩子。

工作过程中，我发现建立关系比执行项目更重要。着力于与客户交流和建立彼此的信任关系，无形间让我和许多杰出的同行建立了友谊。与他们分享彼此的个人和行业经历是非常愉快的体验。

近段时间，我和温迪·尤里奇（Wendy Ulrich）研究并出版了《领导者如何建立成熟组织》（*The Why of Work: How Great Leaders Build Abundant Organizations That Win*）。在书中，我们提出这样的观点：当员工找到自己工作的意义，他们工作会更有成效，对他们的客户、投资者和社区也有帮助。有意义很重要，而我与父亲、与孩子们的经历确定了意义的价值，并且找到了实现它的重要来源。

⑦ 问题：

我们多长时间做一次"不寻常事"？

我们能否将工作以外的启发很好地转化到工作上？

在寻常工作和生活中，如何寻找意义？

第三十一章　在你提出变革前，
要先想好如何打破旧有的规则

——罗斯福·托马斯谈在旧有的环境中推进变革的方法

在过去 25 年里，罗斯福·托马斯（Roosevelt Thomas Jr.）一直致力研究"多样化管理"，站在发展、落实、扩大组织及个人潜力的创新性概念和战略的前沿。他是非营利调查和教研机构——美国多样化管理协会的创始人，也创建了罗斯福·托马斯咨询培训公司。他发表了六本书和一系列文章。在 1998 年，托马斯被美国国家人力资源学院选为院士。他还曾被《华尔街日报》评为"最优秀的商业顾问"之一，被《人力资源经理》评为"影响最深远的人"之一，同时被美国培训与发展协会授予"人力资源发展杰出贡献奖"。托马斯曾给《财富》500 强公司、大型企业、事务所、政府单位、非营利组织和学术协会提供咨询。

他的邮箱地址是 RThomas@rthomasconsulting.com，网
页是 www.rthomasconsulting.com。

范例改变带来的影响

多年以来，我有幸在高级管理人员、经理和个人面前发表
讲话，也赢得了他们对我的多样化管理观点的肯定回应。然而，
我提出的解决办法却没有得到进一步采用。

几年前的一次研讨会经历也反映出了这种现象。在我发
表开场讲话后，每位发言者刚开始发言都会对我的成果恭维一
番——之后讲的内容却跟我的多样化管理的观点毫无关联。

研讨会结束后，大家互相寒暄打着招呼。这时，我看到坐
在人群后面的一位女士朝我微笑，似乎在跟相熟的人打招呼，
但我却想不起她是谁。后来她走过人群，慢慢走到了讲台边上
对我说："罗斯福，您好。您总是老调重弹。我猜，听着人们
说自己是您的追随者，却又谈论着跟您的观点完全不一致的想
法，一定挺失望的。"

她的话不无道理，我大笑出声，当作是回应。她又说："但
不要停下来，我们最后都会听到您的观点。"

　　我时常寻思这位女士鼓励我以及中途话锋一转的原因，然而无果。最近，我终于想到一个解释：我的多样化管理范例与原本已经存在的范例大不相同，他们的思想已经根深蒂固，与我的想法保留了距离——因此，即便他们觉得我的范例给人启发，很有趣，很牢固，但一旦接受我的观点，就必须动摇原有范例，或者最低程度也要对原有的思维模式和看法产生冲击——这就是为什么他们为我的成果鼓掌，却没有进行下一步行动和改变。

　　这次洞悉并不是认知上的顿悟，而是观察自身旧范例被冲击后的反应结果，到今天仍然适用。我相信，这种经验对影响他人行为的人是有所帮助的，不管是领队、经理、教练，还是指导者。

机场洗手间的范例

　　不久前，我在佛罗里达州杰克逊维尔的新机场转机，上了一次洗手间。可当我准备洗手时，却找不到洗手盆。我又更加仔细地看了周围，可还是没看到。我开始觉得局促不安，觉得可能是错过了，就往回走，可还是没有找到。

最后，我注意到一大块灰色大理石板，却没有洗手盆。接着我发现石板上面有水龙头，推测大概人们洗手的水就是这样顺着石板流到下面的槽里。

终于明白过来后，我的脑子开始转个不停，各种疑问纷纷跳了出来。"为什么？""这样比较节约成本吗？""这样更加卫生吗？""这样更有美感吗？""为什么？"

思索到后面，我真的生气了，几乎想直奔机场经理室，想好好教训他一顿，登记一次投诉，问问他为什么不安装洗手盆。之前五年都没问题，为什么要换掉？

意识到我在杰克逊维尔的经历，其实是因为新机场的洗手间和洗手盆冲击了我的"范例"后，我好奇是否还有别的范例也设定了我对一些预期和行为的反应。这不，两个现成的例子已经有了：意大利粉范例和握铅笔姿势范例。

意大利粉范例

我自小在妈妈和祖母身边长大。她们常常会做意大利面，做法跟今天看到的不太一样。我猜她们是加了洋葱、辣椒和番茄酱。我非常喜欢她们做的意面。

　　我的爱人也做意大利面。我喜欢她的意面，虽然跟以前吃的味道有点不同。在婚后不久，她煮了一次意粉。我立即说我不喜欢这个。她问我："为什么？"我告诉她，答案很简单："我吃意面，不吃意粉。"她迷惑地说："可意大利面就是意粉！"

　　在我看来，她是错的，因为一直以来意面就是意面，和意粉是两回事。我从来没有听说过意粉，因而我的意面"范例"让我抗拒接受意粉。

握铅笔姿势范例

　　我妈妈在我学龄前就教我写字。我在幼儿园和小学学习都很好，赢得了老师们的表扬。一路顺风顺水，直到一个同学嘲笑我的握铅笔姿势"搞笑"。

　　我问起妈妈的时候，她说当她看到我能写字时，太过高兴和激动，忘记留意我的握笔姿势了。换种说法，我的握笔姿势"范例"只是跟原定给其他同龄人的"范例"不一样。我妈妈一笑置之。

　　直到今天，我都没有"改正"握笔姿势。我觉得这是一种"特殊"的证明，证实了我的母亲教我写字这一事实，以及我

们之间的亲密关系。虽然握笔姿势不对，但她为教会了我写字
而感到自豪；而我也为受过母亲教诲感到骄傲，感激她给了我
一个好的开端。只是我不太确定有没有告诉过她这些话。

个人范例的教训拾零

当我再重新思索这些范例的冲击以及我的反应时，我更
容易和那些拒绝我想法的人产生共鸣，更加有耐心了。这些教
训也更加坚定了我要寻找办法帮助其他人的决心，帮助他们从
熟悉却不合时宜的多样化管理范例过渡到成功概率更高的新模
式。以下是我分享的内容。

第一点，修正在舒适区的范例，可能很困难。在前文每次
范例受到冲击时，我都顽固抗拒改变。即便现在，虽然我吃意
面，我也仍然不吃"意粉"。我握笔的姿势还是"不正确的"。

第二，新旧范例的冲突可能会引起不安，甚至产生危险。
当我四下寻找洗手盆的时候，我开始怀疑自己，一度觉得自己
是不是在某种程度上很笨。

在第一次听到我定义多样化既可以是有差异的，也可以是
有相似点的或者介于两者之间的任意一种形式时，一名多样化

管理总监做出了跟我相似的反应，提出的范例受到了冲击。她定义的多样化主要是种族和性别，而我的要广义得多。她用自己的认知分辨："到底是我对还是罗斯福错了？"言语阐述上的差异和话语背后"范例"的冲击，让她感到了威胁，让她害怕自己犯了错。接着她的防御机制启动了，错失了探讨不同定义的兼容性和使用方法的机会。

第三，范例冲击可能会引起范例休克，表现是会产生心理和生理上的压力。我对找不到洗手盆的反应就是一个例子。在短短几分钟里，我就体会了失望、自我怀疑和愤怒，这些情绪的激烈程度在我回想的时候也吃了一惊。机场洗浴间和洗手盆带给我的范例休克让我十分痛苦。

惯例休克也解释了一个非裔美国人对我提出种族和性别不是劳动力多样化的全部的激烈反应。他难以置信地问："您的意思是，白人男性在不利于他的场合里承受的压力和不适，和我受到的种族歧视的压力和痛苦是一样的吗？"当我说有可能是，他大声反驳："我不这么认为！"

第四，范例可以让人否认现实。毫无疑问，意面是意粉的一种。然而，基于我对意面的惯例认知，我很难接受这个事实以及背后的深意，尤其是我不能接受意粉的这个理由本身很荒谬。

这种倾向也体现在那些不容易接受"多样化",限制多样化的企业组织领导身上。他们忽视大型机构在运作和业务范围方面的"多样化",死死守着"多样化即种族和性别"的范例,导致他们不能处理现实情况。

第五,范例会持续发挥影响,即便在被修改或移除了相当长的时间也一样。请看以下一位白人高管的案例,看看旧范例的视角。

几年前,我跟一群高级经理谈到,基于预期的人口结构变化,他们必须尽早培养多样化管理的能力。在我的演说过程中,其中一位白人高管提醒我的用词"必须",认为白人不是"必须做什么",因为可能会觉得被冒犯。

切换成"范例"的术语,他的意思是:"我觉得你的话把我从'白人更优秀更能掌控范例'里拽了出来。旧范例里黑人本应尊重白人。你'必须'的言辞违背了这个范例,会降低你推动改变的潜力。虽然我现在知道自己的范例已经过时,可我在诚实地跟你分享我的真实感受。"

我理解这个人是无恶意的,他只是被困在一个垂垂死去的范例里。但即使还会有所依恋,他也会抛开旧范例,然后高兴地看着它消亡。

第六,鉴于我们范例的力量太大,改变它们会带来种种迷失和不适感，领导人在改革过程必须与员工感同身受，坚持不懈，绝不轻慢。这个过程绝对不轻松，也不能一蹴而就。

给引导改变的暗示

这六次课程对我本人，以及其他改革的人——指导员、领导者、经理人和教练——所有试图影响他人行为的人，都有着非常重要，甚至是至关重要的暗示。

第一点，改革的人必须清晰划分范例的界限。如果你想从A到B，你必须知道加固在两点之下的惯例。接着，判定好两者的距离后，努力压缩A，扩张B。如果A和B之间的范例距离太远，改革过程可能非常困难，难以为继。加固范例指的是强化想要的地方。

然而，引导改革的一方却常常避开范例不谈。多样化领域就是一个好例子。参与人员通常对原理进行长篇大论的阐述，接着就为自己的主张摇旗呐喊，却通常不顾及相应要强化的范例是助力还是阻碍。直到最近，我们才开始重视多样化领域的范例。

第二点，暗示是改革引领者必须帮助个人和组织，度过范例变动导致的冲击和范例休克。显然，我在杰克逊维尔机场就很需要这个。

如果在进洗手间前早就得到了提醒，我会十分感激。切换成惯例的术语，得到的信息应该是这样："托马斯先生，我们知道您有根深蒂固的惯例认知，接下来您看到的配置将会冲击原有的思维模式。但请放心，我们尊重原来的设施，虽然有所变动，您会感到满意。我们的范例已经改变了。这是为了配合我们新机场的主题。"（这场对话是为了方便阐述的目的，现实中我并不知道新机场的范例是什么样子。）这样的提醒会减少我的愤怒和失望情绪。

第三个暗示是，即便新惯例已经成功，被取代的范例痕迹却还在，改革领导人还需要提供协助，准备随时清除残留的影响。

用机场的例子，参考做法就是为我今后再次停留这个机场时做备忘录，内容可以是："欢迎回来，托马斯先生，我们想提醒您，我们的盥洗室做了一些调整……"这样就可以让我很快适应传统机场改到新机场的配置。没有后续的帮助，我可能会再次经历严重的惯例休克。

最后一点，如果惯例改变是正确的而且重要的，就需要做好准备坚持到底。这是站在人群后面的那位女士传递给我的信息。切换成范例的话语，她说的是："罗斯福，我知道，您一直翻来覆去阐述着同样的内容却没有获得相应的成果，一定觉得疲惫了。但您必须知道，您的主张会撼动一些根深蒂固的范例，需要很多时间和努力。坚持！"

从根本上来说，她提醒我，面对的不仅是变革本身，还有范例。

"重要"这个词也很关键。因为身体原因，我不会吃太多意面，所以我是否要摈弃"意粉就是意面"的概念，就显得无关紧要了，类似还有正确的握笔姿势。整本书都是我用不正确的握笔姿势写出来的。

另一方面，在如今全球化加速和越来越复杂的世界里，让人们突破原来的认知——"职场上的多样化就是种族和性别"的认识，只是不同环境和地理位置背景下众多不同点和相同点的其中一种形式——变得越来越重要。这种范例改变需要持续的关注和耐力。

处理个人范例"断层"的不安经历，让我在新的或者不同的环境下做决定时，停下来思考和自我提问。回答这些问题有时会耗费非常多的时间，令人非常不安。但我相信，那些想要改变他人的行为习惯或者是迎合期待改变自己的人会发现，花时间提出和解决这些问题，会让必要的改变范例过程进行得更加顺畅。

⑦ 问题：

我可以发现两到三种决定我生活的重要范例吗？

如果发现不了这些重要的范例，我怎样才能意识到它们的存在？这是我要花费功夫的重要事情吗？

怎样才可以确认我的主要范例的影响，是符合当下和适当、没有脱离生活的？

发现和检视我的主要范例后，怎样才能利用这些知识提升个人生活和事业？

关键学习点：

抛弃过去所学所想

这回是真功夫！为什么？已经花费了那么多能量，做了那么多事情，用了那么多资源才学会，谁会想再花更多时间去“抛弃所学”？答案当然是为了成长。这种“抛弃所学”的成长方式尤为困难，因为需要人放下既得的东西。就像彼得·维尔（Peter Vaill）的《学习为生存之道》（*Learning as a Way of Being*）里说的：“人一生里不需要十八般武艺。人需要的是当新手，需要的是随时成为高效的初学者。”

读完前面章节后，结合你“抛弃所学”的经历，思考下列问题：

　　什么时候需要倒退一步，然后重新学习你认为是正确的东西？这个过程是怎样的？

　　在"抛弃所学"的过程中产生的不适感，你曾用或者有什么应对机制？

　　可以培养哪些行为确保即便在熟悉的环境也能尽力学习？

　　对新学习保持开放态度，如何帮助应对多样的环境？

第三十二章　冲突发生时不要急着辩护，
而要学着去聆听

——查尔斯·德怀尔谈危机管理

查尔斯·德怀尔（Charles E. Dwyer）从 1966 年开始担任宾夕法尼亚大学的教员，是沃顿商学院教育学院管理项目的学术指导员，同时是教育学院研究生院的副教授。德怀尔从事教育、企业和组织顾问行业有40 多年经历，在 IBM、杜邦公司、施乐、美国微波通信公司、大西洋贝尔公司、西屋电气、纳贝斯克公司（R.J.R./Nabisco）等担任过顾问。他的研究和授课领域广泛，覆盖多个主题，如互动式设计、团体历程和个人发展等。

事情出状况时，该如何处理？

多年前，我给沃顿商学院设计了一个叫"有效执行力"的项目。准备材料就花了两周时间，接着我们把问卷投放到全国各地区，通常投放到度假式酒店，方式是集中一周在一个地方调研，接着第二周再回访几次。负责第一周调查的人在第二周则去不同地方选择不同时间调查。项目刚开始的时候，我五分之二的时间在授课，课余时间则请其他来自沃顿商学院的人帮忙处理项目。

项目初期阶段，其中一位参与者找到我（我永远感激他）说："形势不妙。"我吃了一惊，因为执行这个项目的人我都仔细筛选过，都是大学里包揽各类奖项的老师。他解释说，出了问题的是问卷设计和我同事的展示方式。

这是个非常艰难的过程。一方面，参与项目的人心里不满，而跟我坦白的只是其中一位。那天早上，我发现小组里很多人都不满。我打断一位正在做报告的同事，走上讲台说："我们得打住。我知道出了问题，事情进行得不顺利。"他的回答是：

"对，我也觉察了。"

我决定挑起重任。我是项目主管，出现问题应该由我负责。虽然紧张到心脏似乎要跳出胸膛，我还是站了出来，站到了大概 40 位都是全美各公司高级执行和高层管理的人面前。我努力稳住声音问："我了解到事情不顺利。可以告诉我细节吗？"整个场面顿时像炸开了一样：他们牺牲的时间，耗费的金钱，以及跟设想不一样等。我给时间让他们慢慢发泄。

最后，我说："剩下的这周时间里，我们换别的方法。我想让你们选定一个方法，或者告诉我接下来几天其他你想做的事情。"我把他们分成小组进行讨论，并派人去记录和汇报成果。几天后，他们跟策划组提出了一系列建议。

虽然这次经历让人压力重重，却不失为一次深层有价值的学习经历。作为项目的主要负责人，更重要的是作为对整个项目质量和参与者的满意度负最终责任的人，我心理上承受很大压力。此外，这是沃顿商学院主动提出的项目，成功与否意义非凡，口碑好坏会很大程度上影响后续的项目。而那年这个项目还有后续几次安排。这种情况下，很容易就慌了手脚。但我没有，自己也不清楚原因。我没有为自己辩护，没有为出状况找借口，而是直接面对它，说出自己就是负责的人，让我们找出客户想要什么，哪里出了错，怎样解决这个问题。

出乎意料的是，事情自那以后就上了正轨。这次经历告诉我，不要急着辩护，不要急着找理由，你要学会聆听，人们也会通情达理。之后，你就可以处理他们的反馈。自那以后，我就借用这次经历跟他人讲述这种情形：当我即将把事情搞砸的时候，是共事人的好意扭转了局面。我能想象出自己走进屋里很平静地说话的样子："好了，伙计们，我们的生活不是全部都如愿。"

这次经历给了我后来处理情况不顺利时强大的信心。如今，我知道了应对突发状况的方法，也知道它管用。但它是否适用于所有情形？不太可能。在后来又出状况时，虽然比之前一次程度要轻，我的计划还是失败了。但我也没有再惊慌失措。我能够做到冷静，是因为我知道要采取什么方法，也知道这些方法是否有效。如此一来，困难的状况就扭转了过来。

这次经历教会我另一点是，我不担忧出状况了。当我们面对重任，某种程度上都会担忧，有点像球赛里大家都盯着的那位投手，只有成败两种结果。而我不再受到上场时负面压力的影响，因为我知道，当计划需要改变的时候，我可以从投球手转换为接球手，找到新的解决方法。

(?) 问题：

出状况时，你是怎么处理的？

你可以用什么方法独自检验效果？

关键学习点：

痛苦是优秀的老师

为什么我们生命中最痛苦的经历，常常让我们学到的是最重要的一课？本节里的每个故事，作者都承受过某种形式上的苦痛。如果他们没有停下思考，故事会怎样？会错失什么？R.L. 斯坦（R. L. Stine）以一种很棒的视角看待在苦痛中学习："有时候当你不抱任何期待时，生活会给你会心一击。别担心。随着时间推移，苦痛会消减，然后你会吸取经验教训，学到更多，变得客观和智慧，你会知道真相，从而不必再经历胸口一击。"

在读完前面的章节后，在回忆自己痛苦经历的时候，思考以下问题：

你相信痛苦里孕育着机会吗？为什么？

你是用什么方法处理痛苦经历的？还有什么经历会促使我们改变？我们什么时候会改变现状？

有时候，我们会在同一个地方反复跌倒。你认为至今仍被绊倒的地方在哪？

　　有时候，人们会指着生命中某件具体的事说："如果不是因为某某某，我今天就不会在这里。"你的生命中类似关键的时刻是什么时候？

第三十三章　轻装简从，减少不必要的负担

——理查德·莱德：人生需要定期重整行囊

　　理查德·莱德（Richard J. Leider）是培训公司 Inventure 集团（Inventure Group）的创始人和董事长。莱德致力于帮助个体和领导人发现目标的力量，是行业的先锋者，在国际上是有声望的作家、演说家和高管教练。他著有八本书，包括全球经典畅销书《暂停，整理，再出发》（*Repacking Your Bags*）、《目的的力量》（*The Power of Purpose*）。在长达 25 年多的时间里，他每年带领团体到东非坦桑尼亚开启"冒险之旅"徒步旅行。

这一切让你感到开心吗?

　　"心灵探险"是探索自身的旅程,需要勇气打开心胸,发现自己的本质。从 1983 年开始,我就带领团队到非洲拥有相同信仰的不同地方进行心灵探险。最初的一次探索是在塞伦盖蒂平原东边长廊远足,领队是马塞族首领,名字叫科伊(Koyie)。当时是旅行的第一天,他和两位熟知这一带的当地居民,带领我们一路在各个村庄露营。

　　这是我第一次接触科伊,他也是第一次接触我们这样的旅客。一路上,他什么都没带;而我背着一个巨大的背包,里面塞满了急救药品、许许多多的露营"必需品"和私人物品。一天下来,我就被背包压得累到不行,科伊也看出了我很辛苦。

　　抵达目的地后,我疲惫不堪,一把甩下背包,等着村庄的首领前来慰问和准许我们过夜。科伊终于忍不住走到我面前,很礼貌地问我能否把背包里的东西给他看看。于是我打开了背包,把东西一件件拿出来,逐件介绍:急救箱里的水壶、密封小袋子、雨具、尼龙搭扣等，全是我们理所当然觉得很重要而他从来没有见过的东西。

我还有一大把工具，因为我们要"脱离文明"一段时间。我花了整整 10 分钟才把东西都拿了出来。跟科伊一样，村子里的人也从来没有见过这种景象，全都好奇地围过来观看。科伊全程很有耐心地看着，最后看着堆积成一间小店模样的东西，提出了一个简单却不失力度的问题："理查德，难道这一切让你感到开心吗？"

我愣住了。科伊的问题问得很有力，直接击中了我的内心最深处。我立刻打开了防御机制："你知道，我策划了这次旅行，我是领头人。"然后，我解释为什么需要每一样东西，随即迅速把东西都塞回背包，走到自己的帐篷里冷静下来。但我已经瞥见了一直显而易见却又忽视了的问题：我并不需要所有的东西。在一刹那，科伊的问题逼迫着我去思考自己带的东西，以及原因——不仅仅是这次旅行的，也有我自己人生道路上的。

过了一会儿，我回到人群中，告诉他们我要把一半东西都留给当地人。我的话让大家都开始谈论他们带的东西。然而有趣的是，这些对话几乎立刻就转移到了我们个人的负担和选择上。我们在工作和人际关系上都背负了什么样的重量呢？我们在做什么旅行，都需要带什么行李？

重新检视自己的需要后，我的负担变得轻松多了。在接下来的旅程里，我也庆幸重新整理了自己的行囊。科伊帮到我的，也正是我现在帮助别人进行"户外探险"和"心灵探险"所做的事情。当人们放下身上的负担，检视里面的东西，判断什么是重要的，他们就能够辨识自己的本质。一旦做到这点，一个人就可以根据前面的路打包好行李。

② **问题：**

什么东西让你感到沉重？

怎样做可以减轻负担？

第三十四章 在达到完美之前就进行下一步

——罗伯特·弗里茨谈超出能力的训练法

罗伯特·弗里茨（Robert Fritz）在长达30多年的时间里，致力于推动结构动力学领域的发展，研究创新性流程以及企业组织、商业和管理相关的问题。他创立了罗伯特·弗里茨股份有限公司，创新科技股份有限公司（Technologies for Creating, Inc.）和弗里茨咨询集团（Fritz Consulting Group）。他还是Choicepoint股份有限公司的联合创始人，管理软件——结构张力专业版的开发者。弗里茨的著作有：《阻力最小的路》（*The Path of Least Resistance*）、《创造进行时》（*Creating*）、《企业之潮：无法回避的结构法则》（*Corporate Tides: The Inescapable Laws of Organizational Structure*）、《经理人阻力最小之路》（*The Path of Least Resistance for Managers*）。弗里茨还是活

跃的作曲家,曾写过电影配乐、歌剧、交响乐和室内乐,
曾任教于新英格兰音乐学院和伯克利音乐学院。

努力更进一层

当人们知道我的专业是音乐的时候,会问我一个音乐学院的编曲人怎么会对企业组织和商业感兴趣。对我来说,学会学习是从我学音乐的经历中直接学会的。他们的提问总会让我想起我的一位音乐老师——波托先生。

艰难的一课

阿蒂利奥·波托(Attilio Poto)是波士顿交响乐管弦乐队的成员、波士顿音乐学院的教师,以及杰出的单簧管演奏家。刚开始上课的时候,主要学习内容是提升演奏技巧和选择课程。波托先生选择了一本难度很高的练习曲目。我知道以我的能力还差得很远,就提议选简单一点的。但波托先生说他的做法是有原因的,我只能作罢。

  第一周的练习非常困难。我竭尽全力想要做到完美，但都失败了。上课的时候，我努力演奏布置的曲子，却犯了很多错误。波托先生提了建议，给我示范了其中几段曲子。我提出需要更多时间和练习，应该多花一周时间练习这首曲子。但波托先生只是对我微微一笑，继续翻到下一页更难的曲目。那时，我觉得波托老师并不是一位好老师。

  第二周的课程一样糟糕。虽然尽力了，我还是犯了更多的错误，我演奏的练习曲简直称得上是灾难。我肯定波托先生这次会多给我一周的时间练习，结果他又是朝我一笑就翻到下一个曲目了。我忍不住了，问："您觉得不需要多一个星期的时间吗？"他没有同意。我心想，可怜人，他可能是拿到了单簧管的硕士学位，可作为老师不怎么样啊。

  接下来都是第一周的循环，不管我怎样努力，都弹不好曲子，而波托先生只是不断给我更难的练习曲。终于，在经历六周的折磨后，波托先生教会了我真正的一课。这次，当我还是跟往常一样抱怨的时候，波托先生笑着把书翻回到第一首练习曲，说："试一试。"我照做了。吃惊的是，我演奏得非常好，不仅以前觉得困难的地方都消失了，而且六个星期前我做不到的现在都能做到。比起花六个星期的时间练习同一首曲子，我现在弹得要更好。

波托先生翻到第二首曲子，接着第三首，我都能演奏，而且觉得不难。

波托先生教会我的那一课我仍然铭记：当你还未准备好下一步的时候，就是向前走的最好时机。从我们平常的教育角度来看，这是相当革新的原则。通常我们觉得都是把一件事完全做好才走下一步，否则会觉得不自在，觉得哪里不对劲，因为这是和本能相斥的。但所有的规范机制里都包含一些刻意的举动，最初都让人觉得不自在。要是身上感到痒，很自然就会伸手去挠，但要克制才能不去挠。

学习滑雪也是一个典型例子。滑雪教练员说："身子朝山底倾斜。"可新手都向后仰。滑雪运动的设计原理，是通过往前倾斜身子刹住和控制速度。当我们往后仰，我们加速后控制的力度就不如往前倾，尤其新手更是如此。

规范制度可能不是自然选择，却是选择战胜本能的产物。有了规范，我们可以实现比依靠本能更多的事情。因此，在自己未准备完全之前，往前走一步，这样你就可以糅合所学过的所有内容，而且会为学习过程提供助力。虽然学习的内容越来越复杂，学习却变得越来越简单。这个方法在最初要对不完美有较高的容忍度。

精神考验

我在音乐学院学到的另一课，也是早期和一位老师的接触——我的编曲老师。学期刚开始，他给我布置了一项作业。我很快完成，并在下一节课上交给了他。他打开作业开始认真看，全场鸦雀无声了几分钟。看完后，他说："很棒。"我很高兴，自尊心得到极大满足。接着他说："但我知道你能做得更好。除非你想着做到更好，别急着交作业。"我受到了极大震撼，却不仅是单纯的震撼而已。我觉得自己被看穿了，也松了一口气。这是一位不会被我的才能愚弄的老师：他帮助我挖掘潜能，而不是放大我的自负。

我的学习模式在那一刻改变了行动力，用"做到最好"代替了"表现好"。这是我学到的最好的一课之一。

忽略一切基础的学习，会阻隔我们抓住超出能力和经验界限的深刻的规范机制。和一个人的发展一样，学习不能一蹴而就，而是经历一段陌生、迷失和疑惑的过程后才有的。我们能达到多高？我们的价值观是什么？我们性格的本质是什么？规范的机制是钥匙，渴望是精神源泉，两者能帮助我们突破极限，实现梦想。

(?) **问题：**

你是怎样跟别人传授"音乐课程"的？

是否尝试过在未达到完美之前就走下一步？

你能否做得更好更努力？

第三十五章　无论对手强或弱，
你都要有一视同仁的心态

——乔尔·巴克谈输赢：赢得从容，输得体面

乔尔·巴克（Joel Barker）是一名富有声望的未来主义者。他的有关范例的视频，影响了世界对于领导能力的想法。在 1975 年，巴克开辟先锋，将范例转换理论应用到企业组织设计上，还发明了帮助解读变革背后信息的工具并做了改善。从 20 世纪 80 年代早期开始，他和《财富》500 强的企业及世界其他许多重要机构共事。他著有被《图书馆杂志》誉为 1992 年度"最具影响力"的商业类书籍之一的《未来边缘》（*Future Edge*），还著有《范例》（*Paradigms*）。巴克的公司——Infinity 股份有限公司，位于明尼阿波利斯。他的最新视频《创新边缘》（*Innovation at the Verge*）可以在 www.startharower.com 找到。

从教练身上学到的一课

绝大多数人会为遇上一个优秀的老师感到幸运。我就有幸接受过最优秀的高中游泳教练爱华·斯威纳格（Evar Silvernagle）五年的指导。我在八年级开始上他的课。那时，与同龄人相比，我又高又壮，已经打破学校我所在的年龄组的每一项纪录。

一天在热身时，斯威纳格教练走了进来。他走到我跟前，柔声自我介绍后说："我想让你加入 A 班，明天就开始。"接着他转身走了。

我，加入大学运动代表队？我完全愣住了。这是多大的荣耀！队友们纷纷祝贺我。第二天我如约去练习，教练向他的队伍介绍了我。他的队伍成员都是老资历的选手，在过去六年从来没有在游泳运动会上失手过，其中有州锦标赛冠军，还出过 30 多名全美游泳运动员，而且这是在人数还不足三万的明尼苏达州罗切斯特市。介绍完后，教练说："我们都期待乔尔的表现！"

就这样,教练的指导就开始了。让我先挑明结局,免得让读者误会我在制造悬念。我从来没有打破我八年级的纪录,比赛中也没有获得优胜。但我在队伍上待了五年,全是因为教练。他传授给我的课让我终身受益,改变了我处世的方式。以下就是我从他身上学到的最重要的事情。

第一,永远保持包容态度。教练从来不会开除任何人。竞争队伍的人数通常会控制在 20 人到 30 人,但斯威纳格教练的队伍人数从来不会少于 60 人。他有一套非常简单的哲学:如果你愿意练习,即使你再慢,队伍也会永远给你保留一个位置。按常理说,同时指导那么多学生,几乎不可能培养出一支好队伍,更别提州的冠军队伍。但年复一年,他都做到了。

第二,永远不停止尝试。斯威纳格教练总是不断想办法学习新方法,教游泳姿势、跳水姿势和训练队伍。首先,他会说自己有一个新想法,只是不太确定是否管用,然后问我们是否愿意尝试。接着他就会让我们试验,结束后问我们的感想。他会很认真地听我们的答案。如果方法管用,我们就下苦功夫练习。

第三,不放弃任何人。前文我说过,自己没有创造新纪录。难道他不会知道我已经到达顶峰,不应该再训练和提升我了吗?他知道。但整整五年的时间里,每当我求助,他都会伸出援手，永远愿意花费时间和精力，从不抱怨。他表现得似乎总有那么一个契机，就会有变化，然后你就会成为一位很棒的游泳运动员。

第四，卓越才是唯一的目标。教练是一个懂得保持进步和瞄着卓越进发的人，而这些话语在几十年后才在商业界兴起。他从未——我指的是未曾——贬低过另一支队伍。即便我们知道对手不堪一击，教练提起对方的时候，也是抱着敬重的态度。当他谈起混合赛，他总是会和我们提起其他队伍最辉煌的时期，即使对上一季度刚好被打败的队伍也是一样。我们总是关注当下的表现。他从来不会提起要打败哪支队伍，只会谈及我们自己的目标。

有一次，我们的队长和别人吹嘘，下次比赛会将对方打得"落花流水"。教练听说后，禁止了队长参赛。不能允许不尊重别人，这是铁律。由此推论：永远不要低估你的对手。

斯威纳格教练拟定的名单有两个版本。比赛一开始，他会派出最优秀的选手，直到取得足够分数赢下比赛。这样，对手就总是能见证我们最强选手的实力。但确保能拿下比赛后，教练就会启用第二份名单：最优秀的队员坐下休息，换其他队员上场。

此举的目的当然是让尽可能多的孩子参加比赛，也意味着其他队伍有机会扳回一局。这样一来，教练除了给自己学员机会，也让其他队伍的队员保留了颜面。他从来不会一直用自己最优秀的选手击垮相对较弱的队伍。

就这样，在这五年时间里，我看着教练教会学员比游泳要更多的东西。我看着他赢得比赛的荣耀，又输得不失体面；我看着他给予最慢的学员尊重，教会最快的学员谦逊。很多年以后，另一位同样来自罗切斯特的优秀老师给斯威纳格教练做出了评价："他是我见过的最完美的人。"

顺带一提，虽然我只是水平一般的游泳选手，但却是一名优秀的游泳教练。那些年的指导终究收获了回报。

⑦ 问题：

如何更加包容你的队友或家人？

尝试常规步骤取得的成效如何？

你害怕让你的所有队员参赛吗？

如果让每个人都有上场的机会，你会失去什么？

编 后 记

朱迪·诺克斯（Jodi Knox）是行动对话联合公司（Action Dialogue Associates）的创始总监，这是一家专门从事执行、指导和促进对话，从而达成共识，产生行动，实现结果的优秀企业。朱迪在战略领导力发展方面拥有丰富的经验，专注于为领导者提供以行为为重点的高管指导和同事互助指导。朱迪将突出的行业经验带到工作中，创造了新的行动沟通和对话方法，并制定了人才战略和策略，以满足业务需求。她已经和许多《财富》500强公司就领导力发展计划进行了磋商，并进行了实践研究，以评估投资回报率后利用结果。可以通过 jknox@actiondialogue.com 或（888）237-5634 与她联系。

学习论坛

我们希望通过本书中的故事，可以创造你的独立经历，激发与合作伙伴和团队的新互动，或者仅仅是增强自己的自我发展。这一部分提供了推动领导力学习的体验式方法，可以根据特定的学习需求进行量身定制。无论你是单飞，还是合作，或者是建立一个集体学习论坛，以下三种方式都能提供建议，激发你的思维，将你的学习提升至专业水平。

我们通过观察故事中的主人公经历，学习我们自己的想法和问题框架。反思性问题可以帮助你更深入地了解自己，预测自身的发展需求并寻求经验、资源和帮助，以支持现实的学习计划，也可以获得更大的自由和机会。

（1）独立学习

以上丰富的故事情节，是否对你在领导者的态度、学习的关键点和组织情境的方法等方面有所启发？你是否会说："我需要采取这种思维方式，或者行动，然后放弃自己的旧方法？"你可以自己设计和实践一些非正式的学习机会。这里有几个步骤可以尝试：

· 采取其中一种令人信服的态度，或者其中一个学习的关键点，并承诺将其应用于未来的情境或者经验中。自觉地关注在工作中新原则或新态度的实践。这些故事有能力激发我们，在面临周围的挑战时，有计划地学习和成长。

· 要慎重考虑。要有预期会有不舒服的感觉出现。通过各种方法解决出现的不适。变化本身会让人不舒服，通过实践新的行为方式或者思维方式来学习和成长也会使人不舒服。单飞时，请记住，你不能将其视为一种新的行为方式，你必须采取新的思维方式。

· 明确使用这些故事的意图。将他们分享的态度或者框架应用在自己的体验中，然后与他人分享你的结果、经验、故事和见解。

· 询问他人对你的经历反馈。他们对你实践自己设计和应用的自学原则有什么建议？

· 有必要的话雇人帮忙。别人可以帮助你保持专注，帮助你思考自己的独特经历。

一旦你觉得已经掌握了新的态度，或者整合了一个新的学习方法，请继续加油！选择另一个学习关键点或不同的主题，这些主题可以在你的个人成功计划中为你服务。继续这种有计划、有目的的学习方式，体验发展个人和专业上的自由。

（2）两个人的领导力学习

有时候，我们很容易将生活中取得的成就，认为是理所当然的。我们分享的故事是强大的学习资源，不仅对我们自己，对我们周围的人也有价值。我们每个人都有提供过一些令人难以置信的学习经验。此外，重要的是不仅要提醒自己，是这些经验造就了今天的我们，还要与别人分享我们的故事，让他们更深入地了解我们是谁。

在有意识的驱动式学习方法中，实践和效率的更高级别是成对学习，或者说双向学习。这是推动个人或专业学习非常有效的工具。在个人发展中，有同行或伙伴为你带来更大的影响力和责任感。

·通过考虑以下两个框架寻找合适的学习伙伴：你的专业生活中是否有同伴或合作伙伴，他们是否与你有共同的愿望发展类似的领域？或者，有没有一个同伴，你认为他已经拥有了你想要的心态，或者是你想要掌握的方式？

·从其中一个框架中找出你的合作伙伴，并就领导者的学习计划达成一致，相互支持。

·经常互相检查，以支持有目的的决策和快速行动。这是建立强大专业关系的好方法，同时也可以在学习成就方面创造严谨，加速学习。

·利用合作关系，对方关心你的最大利益，你也关心对方的利益，可以加速学习，并且在实践的过程中强调个人发展，获得洞察力，培养技能。

（3）创建领导力学习小组

正如你在阅读以上一系列故事的体验一样，故事的重点在于什么才是重要的，以及它们为什么重要。这种关注会在小组中产生强大的瀑布效应。专注于有意识的学习和发展，四到六人的小组可以在某个学习主题或选择的问题上互相指导。通过这种方式，集体论坛可以让客户有机会以更具成本效益的方式，更大规模地将组织体验式领导力学习和个人发展深入组织中。以下是实践方式：

·在每次的小组会议中，将关注的焦点从一个人转移到另一个人身上。或者也可以关注多位参与者，接受来自小组的指导，了解所确定的体验式学习主题。

·有目的地思考即将发生的情况：你想向小组传达什么样的信息？或者你想从你的经历中学到什么？练习通过你的行为、态度和对话表达你的学习原则。

·利用个人顾问委员会和值得信赖的同事团队，根据个人需求，共同发展彼此独特的主题。征求他们对所采取行动的意见和反馈，并根据需要修改课程。

·认真对待这些故事的影响。当你的小组发展他们的共同经历，以及他们学习之旅的成效时，记录下它们。有意识地使用这些故事传达愿景，提供方向，展示人性，并加强团队和组织的文化。

·把握在你面前展示真实的学习机会。实践你选择的个人学习计划。掌握学习内容，发展你想传达的信息和个人故事。通过小组的指导，分享的故事将为传递价值和信仰提供强大的机制，点亮个人的领导身份和理想的组织文化。作为一个团队，要相互交流，相互支持，并围绕每个目标提高学习和技能。

这种团队学习和讲故事的方法可以振奋人心，加强期望的行为，并加速组织中有意识的领导力学习。与他人分享理想文化下的经历和经验教训，激发他们在各自学习方向上的想法。毕竟，我们注重实践的发展。像领导者一样学习，分享你的学习之旅，让自己有所作为。

这一系列的丰富故事可以作为制订个人领导力学习计划的基础。通过练习替代方案以应对困难的情况，可以获得更多的观点和行为方式。我们希望这里概述的学习论坛，可以弥合在工作中理想领导力学习需求与培养新方法、新技能之间的差距。

尾 声
故事分析大师：理查德·斯通

理查德·斯通已经拥有在指导病人及其家属，以及医疗专业人员上如何将故事讲述应用到实际治疗工作中的成功案例。在 1993 年创立的"传奇工作所"的主持下，理查德协助各种医疗保健机构，以及辅助性机构，例如红十字会和基督教青年会，更加清晰地制订团队建设计划。领导力发展和多样化培训计划。自 2003 年以来，他一直是 IDEAS 创新团队的关键成员，现在是他们的故事分析大师。

他的作品有《故事的愈合艺术》（ *The Healing Art of Storytelling* ）、《故事：家庭遗产》（ *Stories: The Family Legacy* ）和《奇幻王国》（ *The Kingdom of Nowt* ）。他创造了 Pitch-A-Story 桌面游戏并因此获奖。他还为医疗保健客户，如医院和儿科写了一系列的故事集。此外，他还撰写了许多娱乐作品，包括一部浪漫喜剧专辑《现场》（ *On the Spot* ），和一部情景喜剧《小雨》（ *Sprinkles* ）。

故事的力量

　　许多事情与人类的经历关系太密切了，以至于我们很少考虑它们，比如我们从听故事中获得智慧，以及嘲笑自己的能力——这两种特征使我们与动物不同。想一想笑声。有一天晚上，几个朋友坐在一起，一位同事分享说，他最近带着九岁的儿子进行了一次冥想练习。大家的谈话都围绕孩子是如何认为自己知道一切的，这时我说，既然他的儿子已经在大师的座下，他可能从一个"自以为聪明的家伙"变成了一个"狂妄自大的人"。所有人都笑了。但是，当我问小组成员，为什么他们会笑的时候，没有人给我一个合理的解释。我只想知道，在人类的共同经验中，有什么是让一些事情变得有趣，而让另一些事情枯燥无味的。这很难解释，但是我们无法否认。

　　毋庸置疑，故事在我们的生活中发挥着强大作用，但它却与笑声一样神秘。故事可以让我们流泪，给予我们深刻教训，发现了解我们的生活意料不到的方法，并将我们的痛苦转化为奇妙的东西。但这是为什么？思考以下故事，我希望它能让你微笑，点点头，承认它的内在真相。

一个年轻人，找到一位大师，询问他如何获得智慧。经过一番思考，大师回答说："为了获得智慧，我的孩子，你必须有良好的判断力。"这番话让年轻人陷入沉思，但他并不完全满意这个答案。几天后，他回到大师身边，问："如果这确实是通向智慧的道路，那么怎样才能获得良好的判断力？"大师同样思考了一番，然后微笑着说："为了得到良好的判断力，你必须有丰富的经验。"这个回答暂时缓和了年轻人的好奇心，但他心中不满的种子开始萌芽。如果他需要经验来获得良好的判断力，然后才能拥有智慧，那么他如何才能拥有合适的经验呢？他再一次请教大师。大师毫不犹豫地说："噢，很简单。举个例子，你必须经历过大量的错误判断！"

通过简单的方式，故事可以传达很多其他形式无法做到的信息。世界上一些最伟大的哲学家已经在研究关于智慧主题的巨著，我从来没有听过其中会有比故事更优雅的定义。哲学家的解释不能被凡人理解，也许这就是为什么我们开始重新讲述故事的原因，尤其在这个大量共享信息被压缩成字符的年代，我们每天都被大量的数据轰炸。故事则是一种解毒剂，它给予我们营养，而不像那些缺乏真实的事实和精炼的信息，让复杂的想法变得可以理解，甚至是可以操作。因为故事，人们可以在自己的行为和整体生活中做出显著改变。大群体通过无条件地分享信仰故事而改变历史的进程。故事里蕴含深奥而神秘的东西，但它就和呼吸一样自然。

故事不仅仅给我们启示和教训，它提供了一个背景，当我们听到一个好笑的笑话时，不会对我们的存在产生影响。最近，我在为一家知识管理领域的《财富》500强公司工作，我发现公司花费了大量的时间和金钱，在过去的项目中吸取经验教训。最高管理层一直认为，这项活动对于维持组织的长期活力非常重要。完成后，与该项目有关的文件整齐地存储在公司总部的图书馆中。你会认为这个地方包含着公司的集体智慧，是活动和学习的温床，但事实恰恰相反。没有一个人去过那里！原因应该是显而易见的：当过去的经验教训没有以故事的形式表达出来时，我们很难（或者不可能）从别人的经验中学习。

如果那些数据真的这么重要，那么养孩子就不会这么难了。我们只需要给孩子们一本从年轻人愚蠢行为中提炼的智慧手册，让孩子们相应地调整自己的行为就可以了。这显然很荒谬。但事实上，商业活动中每天都在发生类似的事情。它也出现在职业发展和管理书籍中。

相比之下，本书中的故事非常强大，它们激励我们以一种独有的方式学习，给予我们一些珍贵的东西，它只能来自与我们有着长期和亲密关系的祖父母那里。当我们听到一个故事时，我们可以像一个人最初经历的一样，沿着同样的路径前进。如果书中的作者只是简单地告诉我们他们所学到的，而没有分享他们是如何得到这些见解的，那么这些经验教训只会平淡无味，缺乏价值。将结论包裹在故事的外衣中，使课程变得易于消化，滋养我们的灵魂以及智慧。

作为一种学习方式，也许没有人比美国原住民更了解讲故事的艺术了。在这方面，我最好的老师是奥奈达人后裔保拉·安德伍德。从很小的时候开始，她就对孩子使用这种古老的交流工具进行教学。传统的寓言，我们只是讲故事，然后告诉读者或听众，这个故事意味着什么。成人用这种方式总结故事，然后温柔地请孩子们反思故事的含义。

奥奈达人在数千年前就理解了，当我们在听或者读故事时，我们正在动用我们的右脑。它感受故事，理解故事，然后转化成图像。虽然这个阶段可能有一些学习行为，但并不完整。只有当我们被问及"你从这个故事中学到些什么？"的时候，我们才会转向左脑的线性思维，思考故事对我们而言的启示和教训。将两种认识结合起来，就是整体学习。使用这种简单的方法，仅凭一个故事就能展现出惊人的效果。读者有可能获得故事述人也没有想到的认识。另一方面，如果我们被告知故事的含义，那么我们就失去了与这些重要启示联系的机会，无法学习。如果你在本书每个故事的结尾都提出这个学习问题，你可能会因为作者的智慧以及产生的深刻见解和思考感到惊讶。

故事还将我们引向自身丰富的经历中，让我们的经历充满感情。我们在听到一个故事的时候，会陷入自己的想象，将故事与我们生活中过去发生的事情产生微妙联系。故事像海洋中的波浪一样冲刷着我们，将我们丰富的物质意识从海水深处带上岸边，同时也冲走岸边的沙砾，露出地表层。自身相关的经历也如洋流一般，涌动，激荡，层层展现。

有时候，故事也如同一扇扇窗户，揭示人们走过困难道路时复杂的内心世界，照射出我们自己的形象。当我们根据他人的经验反思自己的经验时，往往会暴露我们以前模糊或不清楚的一面。虽然房屋在很多方面都很相似，但每个房屋都非常独特。通过不同的窗户看房子，可以得到同一间房子不同的视角。当我们用丰富的纹理和家具装饰室内、装点我们的生活时，看别人是如何完成相同的任务通常是有用的。当然，我们的品位会有所不同，但我们绝不会和别人使用一模一样的方式。

你会情不自禁想在这里加点颜色，或者将已有的物品以一种新颖的方式结合起来，既高雅又令人愉悦。在建设我们自己的生活时，我们会不自觉地借鉴别人的经历，并从错误或者成功中吸取教训。

　　我最近听说了一位很棒的故事讲述者席德・利伯曼（Syd Lieberman），他分享了对幽默的定义："当我们从街对面看自己的工作生活时，事情很有趣。"好好想想，我们处于生命的旅程中，生活如此轻松，我们很少有其他视角。当然，我们经历过的痛苦或困难也没有什么有趣的。

　　但是如果我们穿过街道，从时间的角度观看正在发生的戏剧，事情往往会有一定的荒谬性，使我们发笑，甚至学习。为什么？也许是因为当我们通过一个故事的棱镜观察自己的生活时，它可能是我们最接近欢笑的一个视角。这就是我认为这些可爱的故事能为我们带来的。它使我们能够清楚地看到，通过他人经历的镜头，反射回来我们的生活。我希望这些故事会丰富你，因为它们充满了人性和智慧。而且，如果我们退后几步，在过马路时注意到敞开的下水井，也许我们就会学到最重要的教训：在生活中看似毫无意义的事件，可以让我们从失败和痛苦中发现领悟，甚至幽默。

致　谢

　　毫无疑问，关于这本书，最要感激的人，无疑是花费时间和精力，与我们的读者分享故事的讲述人。在第一版中出现的故事，我们请了故事讲述者重新审视，如果他们想的话，可以改一下他们的故事。有一些人换了一些故事，因为他们有更好的故事要叙说。其他人认为原始的故事仍然是一个重要的转折点，所以保留不变。新故事的加入丰富了整个过程和结果。我们感激他们的坦率，以及向读者分享思想和提出挑衅性问题的决定。

　　感谢朱迪·诺克斯，她在第一版中与我们合作，也为第二版做出了重要贡献。她对领导力、教练和个人成长的浓厚兴趣，促使她两次为书中的故事汇编概要。你会在本书的结尾处看到她对行动策略的建议。作为行动对话联合公司的创始人，她如今在引导领导力发展和高管指导实践。米洛·辛戴尔（Milo Sindell），是一家为员工绩效提供软件解决方案的公司——Hit the Ground Running 的创始人，也是我们的团队成员。

我们在修改、重新审视和定位书中信息时，采纳了他的想法和建议。

非常感谢马歇尔·戈德史密斯，以及他的编辑和助理。莎拉（Sarah）将时间和精力放在与所有故事贡献者的联系上，并邀请了新的故事讲述人。没有莎拉的组织和对细节的极大关注，整个项目不会推动。莎拉"我们可以做到"的乐观态度，让我们从头到尾一直在努力前进。

我的同事和朋友马歇尔·戈德史密斯，用他"生活是美好的"口头禅，他的朋友圈，以及一些积极的鼓励，让我们感觉所做的事情是可行的！肯·谢尔顿，《卓越领导力》（*Leadership Excellence*）和《卓越个人》（*Personal Excellence*）的编辑，给予了他一如既往的支持。

我提出了这本书的想法，但是没有时间和精力完成，不管是第一版还是第二版。幸运的是，我有优秀的同事作为强大的后盾。作为一名有着数十年经验的职业实践者，我始终相信故事中蕴含着强大的力量，具有能在不同发展方向获得新想法的作用。书中的故事，将对话那些需要思考，从个人信息背后学习关于领导力、选择和机会的人。

在员工敬业度方面的研究告诉我，我们所有人都渴望与我们的同行和领导人进行真实对话。这些被选中的故事恰恰提供了思考的素材，它们对指导、教练和专业成长至关重要。我一直深受这些故事讲述人的启发和教导，希望他们也能对你有所启发。

贝弗利·凯